A IGREJA
E AS PESSOAS
LGBTQIAPN+

Dados Internacionais de Catalogação na Publicação (CIP)
(Câmara Brasileira do Livro, SP, Brasil)

Furtado, Maria Cristina S.
  A Igreja e as pessoas LGBTQIAPN+ : atendimento pastoral com base no "amor incondicional de Deus" / Maria Cristina S. Furtado. – Petrópolis, RJ : Vozes, 2024.

  Bibliografia.
  ISBN 978-85-326-6740-3

  1. Aconselhamento pastoral 2. Bíblia – Interpretação 3. LGBTQIAPN+ – Aspectos religiosos 4. Obras da Igreja junto aos LGBTQIAPN+ – Igreja Católica 5. Teologia social I. Título.

24-195213   CDD-261.835766

Índices para catálogo sistemático:

1. Igreja Católica : Aconselhamento pastoral : LGBTQIAPN+ : Teologia social   261.835766

Cibele Maria Dias – Bibliotecária – CRB-8/9427

Maria Cristina S. Furtado

A IGREJA E AS PESSOAS LGBTQIAPN+

Atendimento pastoral com base no
"amor incondicional de Deus"

EDITORA VOZES

Petrópolis

2024, Editora Vozes Ltda.
Rua Frei Luís, 100
25689-900 Petrópolis, RJ
www.vozes.com.br
Brasil

Todos os direitos reservados. Nenhuma parte desta obra poderá ser reproduzida ou transmitida por qualquer forma e/ou quaisquer meios (eletrônico ou mecânico, incluindo fotocópia e gravação) ou arquivada em qualquer sistema ou banco de dados sem permissão escrita da editora.

CONSELHO EDITORIAL

Diretor
Volney J. Berkenbrock

Editores
Aline dos Santos Carneiro
Edrian Josué Pasini
Marilac Loraine Oleniki
Welder Lancieri Marchini

Conselheiros
Elói Dionísio Piva
Francisco Morás
Gilberto Gonçalves Garcia
Ludovico Garmus
Teobaldo Heidemann

Secretário executivo
Leonardo A.R.T. dos Santos

PRODUÇÃO EDITORIAL

Aline L.R. de Barros
Marcelo Telles
Mirela de Oliveira
Otaviano M. Cunha
Rafael de Oliveira
Samuel Rezende
Vanessa Luz
Verônica M. Guedes

Conselho de projetos editoriais
Isabelle Theodora R.S. Martins
Luísa Ramos M. Lorenzi
Natália França
Priscilla A.F. Alves

Editoração: Giulia Araújo
Diagramação: Editora Vozes
Revisão gráfica: Jaqueline Moreira
Capa: Nathália Figueiredo

ISBN 978-85-326-6740-3

Este livro foi composto e impresso pela Editora Vozes Ltda.

Sumário

Introdução, 9

1 – Por que as pessoas LGBTQIAPN+?, 15

2 – A Igreja e as pessoas LGBTQIAPN+, 21

    2.1 Um pouco de história, 21

3 – O Papa Francisco e as pessoas LGBTQIAPN+, 25

4 – Interpretações bíblicas e as pessoas LGBTQIAPN+, 29

    4.1 Antigo Testamento, 31

        4.1.1 Em Gn 38,6-10, 31

        4.1.2 Outra passagem bíblica, 32

    4.2 O Novo Testamento, 33

5 – A violência e a violência de gênero, 37

    5.1 A violência, 38

    5.2 A violência de gênero na sociedade contemporânea, 39

6 – Ciências e direitos humanos, 43

    6.1 Retrospecto histórico, 44

        6.1.1 Homossexualidade, 44

        6.1.2 Transexualidade, 46

    6.2 Direitos humanos e as pessoas LGBTQIAPN+, 48

7 – Sexualidade, 51

    7.1 Sexo, 53

    7.2 Gênero, 54

        7.2.1 Os papéis de gênero ou os papéis dados pela sociedade, 54

        7.2.2 A identidade de gênero, 54

    7.3 Orientação sexual, 56

8 – A família tradicional e os novos arranjos familiares, 59

    8.1 Retrospecto histórico, 60

    8.2 Formatos de família juridicamente existentes, 63

    8.3 Família para a Igreja Católica, 64

9 – As igrejas inclusivas e os grupos católicos LGBTQIAPN+, 67

    9.1 As igrejas inclusivas, 67

    9.2 Os grupos católicos LGBTQIAPN+, 69

10 – A ética teológica: a ética da inclusão, 73

    10.1 A ética teológica, 74

    10.2 A ética da inclusão, 78

11 – Teologias libertadoras inclusivas, 83

    11.1 Teologias libertadoras inclusivas e libertadoras LGBTQIAPN+, 84

12 – Atendimento pastoral às pessoas LGBTQIAPN+, 87

    12.1 Existe o atendimento pastoral às pessoas LGBTQIAPN+?, 88

    12.2 Como realizar este atendimento pastoral? Pastorais LGBTQIAPN+?, 91

Considerações finais, 97

Referências, 99

Dedico este livro às pessoas LGBTQIAPN+ que desejam conhecer melhor a sua história; às suas mães e pais; aos agentes pastorais, ao clero, professores/as, teólogos/as, psicólogos/as que queiram trabalhar alinhados com o Papa Francisco e reconhecerem que "todas as pessoas são filhas amadas de Deus, e Ele as ama como são". Agradeço a todos que têm me ajudado em minhas pesquisas e trabalho, em particular, à querida Profª. Drª. Maria Clara Bingemer e ao Profº. Drº. Pe. Luís Correa Lima. Quero agradecer também à minha família e, em especial, ao meu marido, Jari, por todo o apoio que me tem dado, sem o qual não conseguiria realizar o meu trabalho; e às minhas filhas, nora, e genro, por seus esforços e lutas na vida, que são fontes de inspiração para mim. Gratidão por tudo, meu Deus!

Introdução

O Espírito do Senhor está sobre mim, porque
me ungiu. Enviou-me para dar a boa notícia
aos pobres, para anunciar aos cativos a liberdade e aos cegos a visão, para pôr em liberdade
os oprimidos, para anunciar o ano da graça do
Senhor. [...]. Hoje se cumpre esta Escritura
que acabais de ouvir.
Lc 4,18-21.

De acordo com o teólogo espanhol José Antonio Pagola,
no livro "O caminho aberto por Jesus", Lucas apresenta, nesta passagem bíblica, o programa de Jesus. Ela está no início
do Evangelho, para que os seguidores de Jesus possam conhecer as preocupações que ele trazia em seu coração e, baseado
nelas, traçou o seu programa de ação.

Segundo Pagola, a grande missão de Jesus era trazer a
"esperança" a todas as pessoas que sofrem. Ele nos mostra
que Jesus se sente ungido pelo Espírito do Deus que se preo-
cupa com o sofrimento alheio. O Espírito o impele a dedicar

sua vida para libertar, aliviar, curar, perdoar. Os destinatários principais são os pobres, os marginalizados pela sociedade, os sem voz, todas as pessoas que não encontram lugar na sociedade, que são humilhadas.

Embora, na história da Igreja, esta missão parece ter sido ofuscada pela grandeza e ordem, o Concílio Vaticano II (1962-1965) trouxe a redescoberta da espiritualidade do encontro de Jesus com o Pai, libertador do povo, da pessoa humana e de toda a criação. Após o Concílio, na exortação apostólica *Evangelli Nuntiandi* n. 30, o Papa Paulo VI reforçou a importância de a Igreja estar junto com os que precisam, e, como "dever da igreja, ajudar para que nasça a libertação [...] e fazer com que a libertação seja total". Depois, a opção dos bispos latino-americanos pelos pobres mostrou a Igreja seguindo o caminho escolhido por Jesus, "anunciar a boa-nova, estar ao lado dos que mais necessitam, os pobres". Hoje, o Papa Francisco reforça essa linha de conduta, ao dizer, em diferentes ocasiões: "se você é cristão, se você é Igreja, a Igreja é uma saída, não para dentro, e você deve alcançar as periferias existenciais com coragem e criatividade!" (Collet, 2022)

Segundo Camila Betoni, mestra em Sociologia Política, os pobres, ou como diz o papa, as periferias existenciais são as chamadas "minorias sociais". São todas as pessoas que não têm representatividade, independentemente de serem maioria numérica ou não (Betoni, [*s. d.*]). As mulheres, por exemplo, são a maioria da população brasileira, mas são minoria nos poderes decisórios, estando em desvantagem social e econômica, sofrendo forte violência verbal, simbólica, patrimonial, física, e só em 2022 foram vítimas de feminicídio 1,4 mil mulheres, uma média de uma mulher a cada seis horas (Velasco *et al.*, 2023).

As pessoas pardas e negras também são a maioria da população, cerca de 54,4% da população nacional, mas continuam com pouquíssima representatividade e a cor negra tem sido a preferência das "balas mortais" pela polícia (A cor da violência, 2020). E, assim, chegamos aos outros grupos de minorias numéricas, como os indígenas, os moradores de rua, as pessoas com deficiência, os refugiados, e as pessoas LGBTQIAPN+. Podem ser minorias, mas são grupos de pessoas humanas que vivem, sorriem, choram, amam, sonham, desejam e merecem viver dignamente, e nós, enquanto igreja, precisamos olhar com carinho, respeitá-los, acolher, cuidar, e integrá-los, à Igreja, e à sociedade. Para o Papa Francisco, "[...] os valores da vida autêntica se encontram em acolher as diferenças, respeitar a dignidade humana, escutar, cuidar e servir aos mais humildes" (Da Silva, 2023).

Como cristãos católicos, as minorias precisam estar em nossas preocupações e ações. Em 1Jo 4,20 diz-se: "se alguém afirma: 'Amo a Deus', mas odeia seu irmão, é mentiroso, pois se não amamos nosso irmão, a quem vemos, como amaremos a Deus, a quem não vemos?" Cada irmão precisa estar em nossas preocupações e ações.

As minorias sociais estáo nos trabalhos e pesquisas que desenvolvo por meio das teologias plurais ou teologias libertadoras inclusivas. Como professora de Teologia Pastoral na pós-graduação da Pontifícia Universidade Católica (PUC), em Minas Gerais, reflito com os meus alunos sobre as diferentes minorias, pensando como, pastoralmente, enquanto igreja, podemos acolher, cuidar e integrar, sem deixar ninguém de fora, como recomenda o papa.

É importante lembrar que cada grupo possui características e necessidades diferentes, por este motivo, preparei os cursos de extensão: "Igreja e pessoas LGBTQIAPN+" e "Igreja e o atendimento pastoral às pessoas LGBTQIAPN+", que vêm sendo conduzidos no Instituto São Paulo de Estudos Superiores (Itesp) e são dirigidos às pessoas LGBTQIAPN+, mães, pais, agentes pastorais, pessoas do clero, teólogos/as, psicólogos/as, médicos/as, que desejam conhecer melhor este tema, e refletir sobre como acolher, respeitar, incluir, cuidar, e integrar, na Igreja, as pessoas LGBTQIAPN+.

Devido ao interesse que o meu primeiro livro, "A inclusão de todas/os/es", e os cursos dados por mim têm provocado, atendendo às sugestões e acreditando na importância deste tema, escrevi este livro, ainda inspirada em minha tese de doutorado, nos conteúdos dos meus cursos, e palestras, procurando fazer uma abordagem sintética, mas com a necessária fundamentação.

Quero lembrar que, hoje, no mundo, segundo a Organização das Nações Unidas (ONU), somos oito bilhões de pessoas (Portal Sustentabilidade, 2022) e como mais ou menos 10% da população é composta por pessoas LGBTQIAPN+, estou me referindo a *800 milhões de pessoas*. Em relação ao Brasil, somos 216 milhões, e 10% dessa população equivale a *21 milhões e 600 mil pessoas*.

Dessa forma, convido a você que deseja conhecer este tema a me acompanhar. Entraremos, juntos, em certos assuntos importantes para o tema como a violência, a violência de gênero. Descobriremos o que é "gênero e diversidade sexual", analisaremos alguns textos bíblicos, aprenderemos sobre "o amor incondicional de Deus" e, com muito respeito e amor, refletiremos sobre "como podemos incluir, cuidar e integrar as pessoas LGBTQIAPN+ e suas famílias à Igreja, e ajudá-las, na obtenção, da total cidadania.

1
Por que as pessoas LGBTQIAPN+?

> Cada pessoa é filha de Deus, cada pessoa. Deus não rejeita ninguém. Deus é pai. E eu não tenho direito de expulsar ninguém da Igreja.
> Papa Francisco, 5 de abril de 2023.

Ninguém tem o direito de excluir ou rejeitar qualquer pessoa. O que dirá uma mãe ou um pai? E a Igreja, ela não é mãe? O amor deve ter sempre a palavra final.

Eu já tenho contado a minha história, ou parte dela, em entrevistas, palestras, *podcasts*, em capítulos dos meus livros e artigos, mas vou compartilhá-la mais uma vez com vocês. Ela pode ser parecida com a sua, que é mãe ou pai, com a do seu filho ou filha, com a do seu vizinho, aluno, amigo, amigo de fé, e talvez possa levá-lo a perceber que não está sozinho. Somos pessoas diferentes, com vidas diversificadas, mas compartilhamos a mesma fé, e o amor por Cristo e pela Igreja. Por este motivo, desejamos participar e abrir espaços para que todas as pessoas possam ser integradas à Igreja, pois no coração de Cristo, todos nós já estamos.

Desde que casamos e fizemos o Encontro de Casais com Cristo, eu e meu marido passamos a dedicar boa parte do nosso tempo à Igreja e a trabalhos sociais em favelas, creches comunitárias etc. Fui cantora religiosa e organizei junto com o grupo Avemater (Associação Evangelizadora pela Música, Teatro e Radiodifusão) e com a Igreja Santa Rosa de Lima e, depois, com a Igreja São Francisco de Paula (na Barra da Tijuca, no Rio de Janeiro), inúmeros retiros e encontros. Junto a nós, sempre estiveram nossas duas filhas que participavam ativamente da Igreja desde a catequese até o encontro de jovens.

Tudo era calmo e tranquilo, como qualquer família considerada ideal, dentro dos moldes da Igreja Católica, até que a minha filha mais velha, no início da década de 2000, na época com 21 anos, descobriu e nos revelou ser homossexual: lésbica.

Embora tenha sido uma revelação que nos pegou de surpresa, e não estávamos preparados para ela, colocamo-nos ao lado da nossa filha. Conversei com um padre amigo que nos deu todo apoio, e eu, para poder ajudá-la, resolvi estudar este tema, sobre o qual sabia muito pouco, apesar de ser psicóloga. Passei a procurar nos livros de teologia, sem conseguir encontrar referências plausíveis, ao contrário, nos documentos, e no catecismo da Igreja, deparei com um posicionamento que me parecia longe da realidade que eu vivia com a minha filha. Então, passei a ler e a pesquisar nos livros de psicologia, psiquiatria, neurociência, sociologia, e nas mais diversas disciplinas, sobre o tema. Após algum tempo de pesquisa, dei-me por satisfeita, já que o meu aprendizado mostrava-me estar no caminho certo. Precisávamos apoiar a nossa filha, que era uma menina maravilhosa, com muito amor e respeito pelo próximo e a sua descoberta não mudava em nada o que ela era.

No entanto, em 2005, aconteceu, em Porto Alegre, o Fórum Social Mundial e, durante este evento, na PUC do Rio Grande do Sul, realizou-se o Fórum Mundial de Teologia e Libertação. Foram dias de reflexões e debates maravilhosos, até que no último dia, um rapaz pediu a palavra e, surpreendendo às pessoas presentes, disse ser teólogo, *gay*, luterano. Apontou para alguns colegas, e muito emocionado, disse que durante aqueles dias falou-se muito em libertação, mas nenhuma palavra sobre um dos temas mais importantes da atualidade: a homossexualidade. Ele e seus colegas ali presentes gastavam grande parte do dinheiro do salário para pagar as pesquisas e os livros que escreviam sobre esta temática. Era necessário que outros teólogos também o fizessem, pois as pesquisas teológicas precisavam caminhar unidas às necessidades da época e tinham que avançar neste tema.

Um grupo considerável das pessoas presentes mostrou-se emocionado e eu estava aos prantos, envergonhada, pois sabia melhor do que ninguém a importância do que ele estava dizendo. Na realidade, o que eu havia pesquisado, não bastava. Não se tratava só do meu conhecimento para ajudar a minha filha. Eram muitas filhas, filhos, mães, pais, irmãs, irmãos que precisavam de respostas, que sofriam preconceito, e desejavam saber mais sobre este tema, e eu poderia ajudar. Neste momento, disse para o meu marido, "é isso que farei de hoje em diante, estudarei e pesquisarei sobre homossexualidade dentro da teologia e psicologia". Ele sorriu, e como faz até hoje, me deu todo o apoio.

Ao chegar ao Rio, comecei a procurar alguém na faculdade de teologia, da PUC-Rio, que desejasse formar um grupo de pesquisa para estudar a homossexualidade, e foi quando conheci o Profº. Dr. Pe. Luís Correa Lima. Em 2006 fundamos o grupo de pesquisa "Diversidade sexual, Cidadania e Religião", na PUC-Rio. No ano seguinte, em 2007, surgiu no Rio de Janeiro o primeiro grupo católico LGBT, denominado "Diversidade Católica", sob a orientação do Pe. Luís Correa Lima.

Em 2008, no meu último ano da Faculdade de Teologia, na PUC-Rio, participei de um retiro com a minha turma de faculdade, em Pedra de Guaratiba, no município do Rio de Janeiro. Lá, diante de Deus, perguntei o que eu deveria fazer com o que aprendia, estudava e pesquisava. Deveria finalizar a pesquisa? Confesso que fiquei assustada com a resposta do meu coração, pois tinha certeza de que teria muitos aborrecimentos. Mas decidi dar continuidade aos meus estudos em teologia e psicologia, que me levaram ao estudo "de gênero e diversidade sexual", e depois para a "violência de gênero". Fiz o mestrado e o doutorado, sob a orientação da Profª. Drª. Maria Clara Bingemer, realizei um doutorado sanduíche em Violência de gênero através do pensamento de René Girard, na Universidade de Roehampton, em Londres, com a Profª. Drª. Christina Jane Beattie (Tina Beattie). Colaborei, e ainda colaboro, com diversos grupos católicos LGBT, e coordenei, de 2015 a 2017, o Grupo de Inclusão social, na Barra da Tijuca. Finalmente, defendi a primeira tese, dentro do Departamento de Teologia da PUC-Rio, sobre violência de gênero, que deu origem ao primeiro livro que lancei nesta temática: "A inclusão de todas/os/es. Uma leitura teológica da violência de gênero: mulheres e LGBTQIAPN+. De Girard e Lévinas à ética da inclusão". Atualmente, além das aulas que ministro na PUC-Minas e no ITESP, atendo, como psicóloga, mulheres que sofrem violência, pessoas LGBTQIAPN+ e suas famílias.

Posso dizer que tenho tido muitas alegrias, mas também tristezas, decepções e até já senti vontade de abandonar a Igreja. Em 2018 cheguei a ter um infarto ao vivenciar uma grande injustiça e presenciar pouco caso, indiferença e desprezo por parte de um líder eclesial da Igreja Católica para com as pessoas que, talvez, mais precisem de amor e misericórdia: as transexuais/travestis. Mas sinto em meu coração que faço parte desta Igreja, e a amo. Dessa forma, ao ver os rostos ávidos em participar da Igreja, das meninas, meninos e menines, dos grupos católicos LGBT, sinto que Deus me deu uma missão e eu estou aqui para cumpri-la, como professora, teóloga, psicóloga, mãe e cristã católica. Como disse o Papa Francisco: "a Igreja é para todos. Todos" (Fraccalvieri, 2021).

2
A Igreja e as pessoas LGBTQIAPN+

> Se no passado, mesmo em nome da religião, se discriminaram as minorias étnicas, culturais, políticas e outras, hoje queremos ser defensores da identidade e dignidade de toda a pessoa e ensinar as novas gerações a acolherem a todos sem discriminações.
> Papa Francisco, 5 de outubro de 2021.

Diante de palavras tão fortes e importantes ditas pelo Papa Francisco, não ouso fazer nenhum comentário.

2.1 Um pouco de história

No judaísmo, aos homens era dado todo respeito e consideração, e era considerado humilhante o que estivesse ligado a alguma percepção de feminilidade. Os atos sexuais entre iguais eram usados para humilhar os soldados vencidos, após as batalhas e também em rituais pagãos, o que Israel não admitia, pois considerava infidelidade ao Deus único. Israel tinha com o Senhor uma aliança, e isso significava não repetir comportamentos atribuídos a costumes étnicos de outros povos. Além disso, era importante para os hebreus formarem uma grande nação. Dessa forma, a procriação era essencial e todo ato sexual fechado à procriação era abominável. Apesar disso, não encontramos nas palavras e nas ações de Jesus nenhuma menção a estes atos sexuais e nem às pessoas que os praticavam.

Quando o Cristianismo se aproximou da filosofia grega e, em especial, do estoicismo, nos primeiros séculos da Era Cristã, a Igreja vinculou, em sua doutrina, sexo e procriação. Esta filosofia caracterizava-se por uma ética em que a eliminação das paixões e a aceitação resignada do destino, eram consideradas marcas do homem sábio. A sexualidade era percebida como um mal, e os atos sexuais só poderiam acontecer se estivessem voltados para a procriação. Esta percepção da sexualidade ligada à procriação, virou regra moral, na Igreja Católica, com base na lei natural. Uma lei que parte de normas universais para atingir a todas as pessoas, sem exceção, com a ajuda de uma força maior (CIC 1950-1956).

Esta visão permaneceu por séculos, até que, no século XX, aconteceu o Concílio Vaticano II (1962-1965) e a Igreja desejou olhar para o mundo, e para o ser humano, desejando fazer mudanças a fim de acompanhar os novos tempos.

O Concílio resgatou o Jesus de Nazaré que se preocupava com a dor do povo, do pobre, e olhava para as pessoas, individualmente, trazendo um Deus que se revelava na história. No entanto, no final dos anos 1960, com o fortalecimento do movimento feminista e o surgimento do movimento GLBT, (depois chamado de LGBT, e hoje, LGBTQIAPN+), levou a Igreja Católica a sentir-se ameaçada em sua doutrina sexual, principalmente em relação à família, pelas reivindicações dos direitos feministas e LGBT (Furtado, 2022, p. 138). Os documentos da Igreja passaram a ser rigorosos em relação a estes temas, ligando sempre atos sexuais à procriação e criticando a expansão dos direitos.

Quanto mais o movimento LGBT fortalecia-se e conseguia a expansão de seus direitos, mais aumentava a tensão entre a hierarquia da Igreja Católica e as pessoas do movimento LGBT. O Novo Catecismo da Igreja Católica, apresentado pelo Papa João Paulo II em 7 de dezembro de 1992, reforçou o que já havia, "os atos homossexuais eram considerados, intrinsecamente, desordenados, contrários à lei natural, e fechados ao dom da vida" (CIC 2357). "Os homossexuais devem ser acolhidos com respeito, compaixão e delicadeza [...]" (CIC 2358). No entanto, segundo o catecismo, "as pessoas homossexuais são chamadas à castidade" (CIC 2359).

Com o objetivo de atender às pessoas homossexuais, surgiram apostolados na Igreja Católica que pregavam a castidade das pessoas LGBT, com grupos de apoio espiritual, por meio de uma terapia com base na castidade; os apostolados Courage e o Encourage (Sobre o courage, [*s. d.*]).

A obrigação da vivência da castidade levou muitos jovens e adultos a deixarem a Igreja Católica e outros foram excluídos. Foram momentos de grande tristeza, pois eram pessoas que tinham o desejo de amar e de serem amadas, constituírem famílias e continuarem a viver sua fé na Igreja em que foram batizadas. No entanto, amargaram a exclusão por terem a sua sexualidade fora do padrão estipulado pela Igreja.

Durante os pontificados de João Paulo II e Bento XVI, a Igreja seguiu as normas sem admitir qualquer diálogo sobre a "sexualidade". A mudança só aconteceu com o Papa Francisco.

3
O Papa Francisco e as pessoas LGBTQIAPN+

> Se uma pessoa é gay, busca Deus e tem boa
> vontade, quem sou eu para julgá-la?
> Papa Francisco, 29 de julho de 2013.

Após a eleição do Papa Francisco, em 2013, houve uma mudança significativa na Igreja em relação às pessoas LGBTQIAPN+. Após o papa dizer, dirigindo-se a este grupo, "quem sou eu para julgar?", começou a existir maior interesse de alguns setores da Igreja Católica em debater e refletir sobre certas questões acerca das pessoas LGBTQIAPN+.

Desde a sua entrada, o Papa Francisco abandonou as grandes generalizações e passou a abordar a singularidade da pessoa humana. Preocupou-se em não fazer críticas severas às pessoas que possuem impedimentos para vivenciar o que é traçado como ideal pela Igreja. Mostrou a importância de se ter um olhar misericordioso e a necessidade da integração de todos, incluindo as pessoas LGBTQIAPN+, suas famílias, seus filhos e filhas. Mudanças que podem ser vistas através dos documentos da Igreja, palavras e gestos do papa, sempre em prol de novas perspectivas (Furtado, 2021, p. 678).

Em 2015, o Papa Francisco falou sobre a importância de uma Igreja sinodal, apontando como sendo "o caminho que Deus espera da Igreja do terceiro milênio" (Sínodo dos Bispos, 2020). Segundo o papa, a Igreja precisa ter uma visão de todo o povo de Deus e dos batizados e, para isso, era necessário consultar a todas as pessoas. O tema proposto foi "Por uma Igreja sinodal: comunhão, participação e missão" (Baruffi, 2021). Um amplo processo de conhecimento da Igreja atual, importante para uma Igreja que deseja incluir, cuidar e integrar todas as pessoas. Um processo que está em andamento e teve seu ápice em outubro de 2023 e em 2024.

Entre os documentos do papa, importantes para as pessoas LGBTQIAPN+, cito a exortação apostólica pós-sinodal *Amoris Laetitia*, de 19 de março de 2016. Neste documento, embora não explicite, nominalmente a sigla LGBT, ele aborda a família e é muito abrangente. Na AL 297, por exemplo, afirma que se deve "ajudar cada pessoa encontrar a sua própria maneira de participar na comunidade eclesial. [...]. Não me refiro só aos divorciados que vivem numa nova união, mas a todos, seja qual for a situação em que se encontrem". Mais adiante, na AL 301, lembra que "[...] já não é possível dizer que todos os que estão numa situação chamada 'irregular', vivem em estado de pecado mortal, privados da graça santificante".

Na AL 311, aborda-se a importância de, na pastoral, dar lugar ao amor incondicional de Deus, lembrando que "impor muitas condições à misericórdia, esvazia o sentido concreto e real significado". E, finalmente, na AL 312, "convida os pastores a escutar, com carinho e serenidade, e o desejo sincero de entrar no coração do drama das pessoas, além de compreender o seu ponto de vista para ajudá-las a viver melhor e reconhecer o seu lugar na Igreja". Nesta exortação o papa fala, claramente, do amor que o cristão deve ter com o diferente de si, procurando entendê-lo.

É também necessário chamar a atenção para os gestos e palavras do Papa Francisco. Suas palavras têm sido muito significativas e em 2023 foi possível assistir ao documentário em que ele é entrevistado por Célia, uma pessoa não-binária que, ao lhe perguntar sobre as pessoas que promovem o discurso de ódio, o papa disse: "estas pessoas são infiltradas que se aproveitam da Igreja para suas paixões pessoais, para a sua estreiteza pessoal. É uma das corrupções da Igreja" (Herrera-Espaliat, 2023). Para uma moça transexual, a quem respondeu em um *podcast*, com todo carinho, também disse: "Deus nos ama como somos" (Ferneda, 2023).

Desde a sua entrada, o Papa Francisco tem apontado a direção que a Igreja Católica Romana deve seguir para acolher, incluir, cuidar e integrar a todas as pessoas, entre elas, as pessoas LGBTQIAPN+. Os novos tempos, como diz a exortação apostólica *Evangelli Gaudium* (EG), estão relacionados a uma Igreja em constante saída (EG 26-27) em busca dos mais frágeis, e excluídos. Segundo o papa, "a fecundidade do nosso testemunho dependerá também de nossa capacidade de dialogar, encontrar pontos de união e os traduzir em ações em favor da vida, de modo especial, da vida dos mais vulneráveis" (Portal Sustentabilidade, 2021).

4

Interpretações bíblicas e as pessoas LGBTQIAPN+

A Bíblia não foi escrita para uma humanidade
genérica, mas para nós, para mim, para você,
para homens e mulheres em carne e osso. Homens e mulheres que têm nome e sobrenome.
Como eu e você.
Papa Francisco, 27 de janeiro de 2021.

De acordo com o Papa Francisco, devemos ler a Bíblia em oração. Um bom cristão deve ser obediente, mas também criativo. Obediente na escuta da Palavra, e criativo porque o Espírito Santo o impele a levá-la adiante. Para o papa, a Bíblia não pode ser lida como um romance, nem como instrumento para os próprios interesses.

Quando vimos o retrospecto histórico sobre a Igreja e as pessoas LGBTQIAPN+, lemos que, no Antigo Testamento, havia grande preocupação, em Israel, de formar uma grande nação, e como eram percebidos, naquela época, os atos sexuais entre iguais. Entretanto, tem sido comum usar passagens bíblicas, por meio de interpretações não contextualizadas, para atacar as pessoas LGBTQIAPN+. Esta leitura literal é perigosa, pois é capaz de destruir vidas, matar em nome de Deus e, na realidade, esta forma de leitura, na maioria das vezes, procura justificar atitudes inadmissíveis. E não acontece só com as pessoas LGBTQIAPN+.

Por exemplo, existe a utilização de passagens bíblicas para colocar a mulher como pecadora, a responsável pelo homem ter cedido à tentação. Usa-se estes textos para fortalecer a ideia da inferioridade, e a submissão da mulher ao homem. Em relação às pessoas negras já se usou a Bíblia para justificar a escravização delas, a erotização da mulher negra, a desigualdade social e o racismo. Para as pessoas LGBTQIAPN+, procura-se reforçar que são abomináveis diante de Deus.

Estas interpretações objetivas ou literais, na realidade, são adaptações do texto bíblico ao desejo de quem está lendo. De acordo com o biblista Severino Croato, "a interpretação objetiva é capaz de mascarar conjuntos inteiros de pressupostos altamente influentes, envolvendo, com lentes tradicionais, a Escritura em interpretações errôneas" (Croatto, 1986, p. 10).

Para evitar este equívoco, é importante, antes de se realizar a hermenêutica, ou seja, antes de fazer a conexão do que aconteceu com a atualidade, é preciso analisar o contexto da época. Verificar para quem o texto se dirigia, e a razão pela qual foi escrito. Só depois, deve-se analisar o contexto atual, e para que o texto serviria para hoje.

Por exemplo, a palavra homossexualidade não existia naquela época. A Bíblia condenava "os atos sexuais entre iguais". De acordo com o padre e doutor em teologia Daniel A. Helminiak, quando em Levítico consta que: "o homem que se deita com outro homem como se fosse mulher, ambos cometeram uma abominação; deverão morrer, e o seu sangue cairá sobre eles", este ato não está sendo visto como uma ofensa sexual, mas uma traição religiosa. Estes atos eram ligados aos rituais pagãos, e eram percebidos como infidelidade ao Deus de Israel. Para Helminiak, "os atos sexuais entre iguais eram condenados no Antigo Testamento" (Helminiak, 1998, p. 169), mas não pelos motivos morais, da atualidade. As questões de interesse, na época, eram outras.

Para entendermos melhor, trago algumas passagens do Antigo Testamento, refletindo sobre o contexto da época.

4.1 Antigo Testamento

4.1.1 Em Gn 38,6-10

Ao lermos a passagem, veremos que Oná casa com a mulher de seu irmão, mas como a descendência dessa relação não pertenceria a ele, Oná lança a sua semente na terra, ao ter relações com a mulher. E então, na passagem, encontramos: "isto era mau aos olhos do Senhor que o matou". Vamos compreender o contexto.

No início da formação do povo hebreu, havia grande preocupação em formar uma nação numerosa. Naquela época, pensava-se que qualquer "semente", ou seja, "sêmen", que não fosse lançado para a procriação, seria perdido, e isso impediria a formação da grande nação desejada. Esta passagem mostra a importância que era dada à procriação, para se atingir a posteridade. Era inaceitável qualquer relação sexual que não levasse à procriação.

Vamos pensar nisso em relação às pessoas que praticavam "atos sexuais entre iguais". Eles caminhavam em direção contrária às necessidades de procriação para formar a nação numerosa. De acordo com o texto, Oná foi morto por Deus, e *não estava tendo atos sexuais entre iguais*, mas nos atos sexuais com a sua mulher, ele jogava o sêmen fora, e não havia possibilidade de procriação. O castigo veio pela *não procriação*.

4.1.2 Outra passagem bíblica

Outra passagem bíblica muito usada contra as pessoas LGBTQIAPN+ é a de Sodoma (Gn 19,1-11). Muitos a interpretam como castigo pelos "atos sexuais entre iguais." No entanto, o castigo de Sodoma está ligado *à lei da hospitalidade aos viajantes*. Regra sagrada daquela sociedade. Era obrigatório oferecer hospitalidade aos viajantes, pois ficar exposto ao frio da noite, naquela região montanhosa, poderia ser fatal. Além do viajante poder ser morto por feras, havia a possibilidade de ser assaltado e assassinado pelos ladrões.

Entretanto, se lermos com cuidado esta passagem bíblica, veremos que os habitantes de Sodoma não mais seguiam esta regra e queriam roubar os visitantes. Isto foi vivenciado pelos anjos na Casa de Ló.

Na tentativa de salvar os seus hospedes, Ló ofereceu as suas próprias filhas aos habitantes para que não fizessem mal aos visitantes. É possível ver que a moral da época é muito diferente da atualidade. Será que algum pai, hoje, ofereceria a sua filha?

4.2 O Novo Testamento

Paulo escreveu a carta aos romanos (Rm 1,26-27). Eles eram pagãos, escravizavam os povos contra os quais venciam as guerras, transformando mulheres e homens em escravos sexuais em suas casas e nos quartéis romanos. Faziam culto a vários deuses, nos quais aconteciam atos sexuais de diversas formas, inclusive "atos sexuais entre iguais". Não é possível comparar os atos sexuais aqui referidos aos relacionamentos homoafetivos da atualidade, em que há carinho, respeito e amor.

É importante também analisar algumas passagens do Novo Testamento que se referem às ações de Jesus. "A mulher hemorroísa" (Lc 6,43-8) era considerada impura, devido ao sangue. Entretanto, Jesus não mandou que ela fosse se purificar. Não perguntou, quem pecou, se foi ela ou sua família. Naquela época, a doença era vista como um pecado cometido pelas pessoas ou por alguém da família. Jesus simplesmente curou-a.

O servo do centurião (Lc 7,1-10). Só um grande amor poderia fazer um centurião romano deixar a cidade e ir em busca de Jesus para curar o seu servo. Embora o centurião diga para Jesus não entrar em sua casa, pois não era digno, Jesus nada perguntou, nem sobre ele nem sobre o servo. O centurião sabia que Jesus podia curar, mesmo à distância, e, para isso bastaria ordenar. Jesus assim o fez, e ainda elogiou tamanha fé.

Por fim, trago outra importante passagem: a samaritana (Jo 4,5-42). Jesus está junto ao poço e puxa conversa com uma mulher, vista pelos judeus como inferior. Por ser da Samaria, era considerada inimiga, impura, pecadora: a escória para a sociedade judaica.

Neste encontro, a surpresa que a samaritana sente, por um homem judeu dirigir-lhe a palavra, transforma-se em admiração. Ela logo coloca-se como discípula missionária, e vai à cidade anunciar a todos que aquele só poderia ser o Messias. O povo escuta a mulher e vai até Jesus, que decide ficar na terra "pecaminosa" durante dois dias falando sobre o Reino de Deus.

É importante refletirmos que, se Jesus a discriminasse, ela jamais o teria conhecido, e não se tornaria uma discípula missionária. Embora Jesus soubesse que ela era idólatra, não a repudiou, não a excluiu, levou-a a sentir-se livre para anunciar.

O mesmo aconteceu com o restante do povo da Samaria. Foram até Jesus e ele não esperou que alguém se convertesse ou fosse se purificar para estar com eles. Jesus os amou incondicionalmente.

Como vimos, nas passagens de Jesus, o Deus de Jesus ama, e constrói pontes. Então não seria importante refletirmos sobre qual é a mensagem primordial da Bíblia? Ódio ou amor? Um Deus que exclui ou inclui? Liberta ou oprime? De acordo com o Papa Francisco, "a Igreja é uma mãe e reúne todos os seus filhos". Se tomarmos a parábola dos convidados ao banquete, como sugere o papa, quem são os convidados? Simplesmente todos: "os justos, os pecadores, os ricos e os pobres etc." (Lc. 14,15-24).

5
A violência e a violência de gênero

A educação precisa nos comprometer a acolher o outro como ele é, e não como queremos que seja. Não devemos julgar nem condenar ninguém.
Papa Francisco, 5 de outubro de 2021.

As pessoas LGBTQIAPN+ vêm conhecendo de perto a violência, mesmo sem fazer algo para merecê-la. Talvez ela seja fruto de as pessoas não conseguirem lidar com a violência que carregam dentro de si e talvez por terem medo do que não podem compreender, principalmente quando isto está ligado à sexualidade, porque foge ao padrão aprendido.

Para entendermos a violência contra as pessoas LGBT QIAPN+, precisamos olhar, por mais desagradável que seja, para a violência, pois ela está dentro de cada um de nós e das outras pessoas. A forma de lidarmos com ela é que faz a diferença.

5.1 A violência

A violência sempre existiu, mas só passou a ser estudada após ser vista como fenômeno social, no século XIX, e considerada como um fenômeno mundial sério e crescente. Em 2002, a Organização Mundial de Saúde (OMS) informou que "a violência mata mais de 1,6 milhão de pessoas, no mundo, a cada ano".

Refletir sobre a violência é importante para quem deseja entender o ser humano. Freud já explicava que temos dois tipos de pulsões. As "pulsões eróticas ou sexuais", que são as energias inatas que nos levam a preservar e unir; e as "pulsões de mortes", energias inatas voltadas para a destruição e morte. Elas estão sempre juntas, e uma não vive sem a outra. Para Freud, só a "educação" é capaz de submeter a vida instintiva à razão. Desde a mais tenra idade, o ambiente da criança deve ser aberto ao outro e ao respeito às leis. A criança introjeta esses comportamentos, e os repete. Os valores éticos e a vivência do amor são os fatores que diferenciam uma educação saudável de outra doentia (Freud, 2011). Para a filósofa Hanna Arendt, a prática da violência transformará o mundo, mas será uma mudança para um mundo mais violento. "O poder verdadeiro não está ligado à violência, o poder de dominação é que está ligado à violência" (Arendt, 1985, p. 45).

A religião cristã percebe a violência como resultado da queda pela sedução do maligno. Na *Gaudium et Spes* 13, encontramos que, embora o homem estivesse em estado de santidade, foi seduzido pelo maligno e, logo no começo da sua história, acabou levantando-se contra Deus e desejando alcançar o seu fim fora dele. *A consequência deste ato é que o ser humano ficou com uma inclinação para o mal, e envolvido em muitos males que não provém do criador, pois Deus é bom* (GS 13).

Entretanto, o ser humano está dividido em si mesmo e possui, individualmente ou de forma coletiva, uma luta entre o bem e o mal. Por este motivo, "o ser humano é capaz de grandes feitos, mas também é capaz de se rebaixar ao genocídio de Auschwitz, pois em seu coração existem ideais, mas também a violência". De acordo com os padres conciliares, "só em Cristo se encontra a luz para o enigma do sofrimento e da morte, que nos abate e oprime" (GS 13).

O caminho para a "não violência" é o amor, é Cristo. Como cristãos, é ele quem devemos seguir. Precisamos educar nossos filhos, netos, catequizandos, alunos e todos à nossa volta com amor e para o amor. Por meio do respeito, com a base ética da inclusão, na qual há lugar para todas as pessoas, cuidar delas e integrá-las.

5.2 A violência de gênero na sociedade contemporânea

Esta violência inclui crianças e adolescentes, e é referente à violência doméstica, violência do homem contra a mulher, violência da mulher contra o homem, violência entre mulheres, violência entre homens. No entanto, a violência de gênero predominante é a voltada à mulher e ao grupo LGBTQIAPN+ (Furtado, 2022, p. 25).

A violência contra a mulher é a mais forte. Em 2021, foram 66.020 estupros no país, sendo que 75,5% eram de vulneráveis, incapazes de consentir o ato sexual (Registros de violência doméstica e sexual contra mulheres crescem no Brasil em 2011, 2022). Para Maria Amélia Azevedo, as causas dessa violência estariam ligadas à estrutura socioeconômica, à discriminação, à ideologia machista e a uma educação sexista diferenciada entre meninos e meninas.

Em relação à "identidade de gênero" e à "orientação sexual", a violência está ligada ao preconceito estrutural, à educação sexista e à discriminação com base em crenças religiosas, que consideram as pessoas LGBTQIAPN+ pecadoras.

Vivemos em um mundo em que ser LGBTQIAPN+ é perigoso. Cerca de 70 países ainda criminalizam as atividades sexuais, mesmo que consensuais, entre pessoas do mesmo sexo (Paletta, 2019). A ONU pede, repetidamente, o fim das leis de criminalização da homossexualidade, e diz que estas violam os direitos à privacidade e à liberdade. De acordo com a ONU, "a discriminação viola as obrigações dos países, segundo o direito internacional, que é de proteger os direitos humanos de todas as pessoas, independente da sua orientação sexual ou identidade de gênero".

Mas a violência não existe somente nestes países. Os países latino-americanos e caribenhos não possuem leis que criminalizam as pessoas LGBTQIAPN+, porém isto não impede que ocorram violências contra essas pessoas. O Brasil é o campeão mundial de crimes homotransfóbicos, concentrando 4/5 de todas as execuções do planeta. A cada hora um homossexual sofre algum tipo de violência, e a cada 19 horas um homossexual morre de forma violenta (Cruz, 2024).

No Brasil, as pessoas LGBTQIAPN+ têm conseguido muitas vitórias, mas ainda sofrem todo tipo de violência. Desde a violência objetiva ou sistêmica, perpetrada pelas próprias estruturas socais, até a violência subjetiva, feita por agentes sociais, como políticos, clero, religiosos fanáticos.

Quando se pensa em violência, normalmente pensa-se na violência física, bater, surrar ou mesmo assassinar. No entanto, existe a violência verbal, com palavras ofensivas, e a violência simbólica, feita por meio de piadas, e discursos indiretos. A violência institucional acontece quando lhe são negados trabalhos ou a possibilidade de alugar um apartamento etc. A violência emocional ocorre por meio do *bullying* e todo o tipo de deboches, muitas vezes dentro da própria casa e nas escolas. É importante, ainda, falarmos da violência psicológica, com o uso de ameaças, para provocar medo nas pessoas LGBTQIAPN+. E a violência sexual, por meio de estupros que podem ser coletivos e/ou corretivos (Furtado, 2022, p. 43–44).

O sofrer violência e o medo de vivenciá-la podem trazer graves consequências à saúde das pessoas LGBTQIAPN+. Problemas que influenciam em seu desenvolvimento social, emocional e até cognitivo, e ocorrem, não pela sua identidade de gênero ou pela orientação sexual. São originários da pressão que sofrem, diariamente, devido à homotransfobia existente na sociedade e nas igrejas. Uma violência que pode levar à depressão; a ideias suicidas, ao receio de se relacionar, ao abuso de substâncias químicas, à fístulas traumáticas e à infecções sexualmente transmitidas (Furtado, 2022, p. 49).

6
Ciências e direitos humanos

> Hoje, somos chamados a renovar e unir o esforço de todos para a educação a fim de refazer um novo pacto educativo, pois somente assim será possível mudar a educação.
> Papa Francisco, 7 de fevereiro de 2020.

É muito importante que a ciência, os direitos humanos e a teologia caminhem juntos, caso contrário teremos o problema de viver uma fé imatura, baseada em leituras bíblicas fundamentalistas, que nos impedem de viver o verdadeiro amor de Deus.

Quando entrei para a faculdade de teologia, não foram poucas as pessoas que disseram que eu perderia a fé. No entanto, a teologia abriu o meu caminho para entender a fé unida a outras ciências. Esta união ajudou a reforçar a minha fé, levando-me a vivê-la mais intensamente.

Para entender o que vivemos, na atualidade, é importante conhecermos o passado. A ciência, por exemplo, em termos de sexualidade, vem se desenvolvendo muito, com novas descobertas nos dois últimos séculos. Então vamos conhecer um pouco da história do que estamos estudando.

6.1 Retrospecto histórico

Até o século XVIII, no pensamento filosófico e médico europeu, havia um único modelo de sexo: o corpo do homem. O corpo da mulher era compreendido como um homem "invertido" e "inferior". O útero era o escroto feminino, e os ovários eram os testículos. A vulva era um prepúcio, e a vagina um pênis (Silva, 2007, p. 20). Acreditava-se que o "homem era portador do calor vital que o fazia evoluir para a forma superior de macho com a exteriorização de seus órgãos genitais". A mulher não tinha esse calor, o que impossibilitava a exteriorização dos órgãos, o que determinava a sua inferioridade. Havia um só corpo, uma só carne na qual se aplicavam distintas marcas sociais ou inscrições culturais, conforme seu nível de perfeição (Fernandes, 2009, p. 1). Na percepção médica só existia o sexo masculino.

6.1.1 Homossexualidade

Os atos sexuais entre iguais existem desde as sociedades primitivas, e eram interpretados e estudados de diferentes formas, mas não havia nenhum estudo profundo ou uma grande preocupação sobre eles. Porém, no século XIX houve uma nova percepção de corpos, que trouxe a divisão sexual bipolar: o homem e a mulher.

Do modelo em que o homem era o único sexo, partiu-se para dois sexos. Naquela época não havia distinção entre sexo e gênero. Porém, os dois sexos (homem e mulher) eram diferentes em todos os aspectos: corpo e alma; físico e moral. O primeiro modelo cabia ao homem, que continuou sendo percebido como superior à mulher. O segundo modelo era a mulher.

Nesta bissexualização dos corpos e do psiquismo, o padrão estipulado como "normal" foi a heterossexualidade: quando o desejo sexual e a atração estão voltados para uma pessoa do gênero contrário. E *a pessoa "invertida", passou a ser a pessoa homossexual*: - quando a pessoa sente desejo sexual, e atração por uma pessoa do seu sexo. Esta orientação sexual foi considerada "anormal", e recebeu o sufixo "ismo": homossexualismo. E a pessoa homossexual, além de "invertida", passou a ser considerada "pervertida" e "patológica". Estudadas a partir dessa concepção, passaram a ser perseguidas e atacadas pela polícia.

No final dos anos 1960, nos Estados Unidos, em Nova York, depois que a polícia invadiu mais uma vez, e prendeu os *gays* que frequentavam o Bar Stonewal Inn, houve uma grande revolta na porta deste bar. Esta revolta ou resistência, como é chamado pelo movimento, durou seis dias, e foi o início do movimento de direitos humanos dos *gays* e de outros, que geraram o movimento hoje conhecido como LGBTQIAPN+.

O movimento espalhou-se por vários países, inclusive pelo Brasil, e os seus membros passaram a fazer pressão pelos seus direitos e para que os médicos e pesquisadores revisassem os estudos sobre a homossexualidade. A reivindicação foi aceita, e os pesquisadores voltaram a estudar, e reconheceram que não havia nada que pudesse enquadrar a homossexualidade em critérios que a caracterizassem como uma doença mental. Dessa forma, em 1973, a *American Psychiatric Association* retirou o termo "homossexualismo" de seu manual de transtornos mentais. Em 1975, a *American Psychological Association* aprovou uma resolução que dava apoio a essa decisão.

A partir daí, os diversos órgãos científicos foram despatologizando a homossexualidade e, em 1985, o Conselho Federal de Medicina, do Brasil, também desconsiderou a homossexualidade como doença, o que foi seguido pelo Conselho Federal de Psicologia. Em 1990, a Organização Mundial de Saúde retirou a homossexualidade do seu rol de doenças ou transtornos, e em 1999, o Conselho Federal de Psicologia, no Brasil, publicou a portaria 01/99 segundo a qual o psicólogo estava sujeito à sanção caso direcionasse sua prática para a "cura" da homossexualidade.

6.1.2 Transexualidade

Em relação à identidade de gênero, a trajetória foi mais longa e ainda mais difícil. O termo "transexual" foi usado, pela primeira vez, em 1949, na revista educação sexual de *Gernsback sexology*, pelo doutor D.O. Caudwel. Devido a esta publicação, a revista foi banida pelo inspetor postal dos EUA, por tratar da sexualidade de forma explícita (Moreira; Marcos, 2019, p. 601).

Só em 1953, o termo transexualismo foi criado, pelo Dr. Harry Benjamin, como patologia, e aceito para designar um distúrbio puramente psíquico, de identidade sexual, chamado de *transtorno de identidade de gênero*. Distúrbio caracterizado pela convicção inabalável de uma pessoa de pertencer ao sexo oposto" (Ramsey, 1998, p. 17). Até então, não havia explicações aceitas cientificamente sobre as pessoas que se vestiam e se percebiam como mulheres ou homens sem que, anatomicamente, isso se justificasse.

A palavra *gênero* e a diferenciação entre sexo e gênero foram utilizadas e feitas pela primeira vez em 1964, pelo Dr. Stoller. Segundo este médico, há uma diferença entre sexo e gênero. O sexo é determinado, anatomicamente pelos órgãos genitais e hormônios, trazendo a diferença entre macho e fêmea. Já o gênero traz o aspecto social e/ou psíquico de uma pessoa. Esta diferença trouxe um olhar para além da biologia, reconhecendo que o gênero não estava só ligado aos aspectos biológicos (Ramsey, 1998).

Em 2013, surgiu o termo "incongruência de gênero", para as pessoas que possuem essa discordância entre o sexo biológico e a identidade de gênero. E o termo "disforia de gênero", para as pessoas que sofressem por causa da incongruência, e se sentissem sufocadas no corpo que carregam. Nem toda pessoa que tem a incongruência possui a disforia, embora seja o mais comum.

Em 2018, o termo "transtorno de identidade de gênero" ou "transtorno de gênero" deixou a lista de doenças de saúde mental, e o termo "incongruência de gênero" foi colocado na categoria relativa à saúde sexual. A justificativa dada pela OMS sobre a não retirada total da lista foi a de que devido ao abandono e à falta de políticas públicas em muitos países, o fato de continuar no CID (Classificação Estatística Internacional de Doenças e Problemas Relacionados à Saúde), poderá ajudar nos cuidados em relação ao processo de acompanhamento médico, de transição de gênero. Atualmente, no guia prático de atualização sobre incongruência/disforia de gênero (DSM-5), encontramos: "a identidade de gênero é reconhecida como um conceito fluido, que engloba sentimentos sobre o corpo, sobre os papéis sociais relacionados, identificação de gênero e sexualidade, abrindo espaço para identidades alternativas que não se restringem ao estereótipo binário homem-mulher (Incongruência/disforia de gênero, 2020).

6.2 Direitos humanos e as pessoas LGBTQIAPN+

No Brasil, o Supremo Tribuna Federal (STF) tem sido o órgão responsável pelo reconhecimento dos direitos humanos das pessoas LGBTQIAPN+ e da aprovação de leis contra a homotransfobia. Entre elas: a retirada da homossexualidade da lista de doenças pela OMS; a adoção de crianças; o uso do nome social; a documentação civil para as pessoas transexuais ou travestis; a retirada da "incongruência de gênero" como doença mental; a aprovação pelo Supremo Tribunal Federal (STF) da lei que criminaliza a discriminação contra homossexuais e transexuais, enquadrando este crime na Lei 7.716/89, a lei antirracismo. E, agora, em 2023, foi aprovada pelo STF, a Lei 14.532, que tipifica como crime de racismo a injúria racial, aumentando a pena de um a três anos de reclusão, para dois a cinco anos (Cunha, 2023).

Além disso, é perceptível o aumento da visibilidade desta temática por meio de filmes, novelas, comerciais, campanhas, e empresas que oferecem emprego para pessoas LGBTQIAPN+. Cresce, também, a cada dia, o número de empresas que estabelecem comitês jurídicos e/ou de diversidade e inclusão para conscientizar os funcionários sobre a importância da não discriminação e para acompanhar qualquer ocorrência envolvendo a discriminação de pessoas LGBTQIAPN+, de gênero, racial, ou com pessoas com deficiência etc.

Com uma certa frequência tenho sido chamada para dar palestras ou realizar *workshops* em empresas. São diversos os *sites* que se preocupam em esclarecer o tema, e a colaborar com a inclusão. Cito, como exemplo, o *site* Contém Amor, cujo objetivo é melhorar a humanidade, acolhendo a inclusão. Nele colaboro, como uma das responsáveis do grupo de pesquisa "Diversidade sexual, cidadania e religião", respondendo a perguntas e realizando *lives*.

Muitas escolas começam a se preocupar em proporcionar a inclusão e com a necessidade de se respeitar o diferente.

Trabalhar sobre sexualidade com os alunos para que eles adquiram um conhecimento maior sobre o seu corpo, e em relação ao que é abuso sexual, o estupro e como isso pode ocorrer dentro das suas próprias casas.

Também tenho tido oportunidade de contribuir, realizando cursos voltados para professores, coordenadores, diretores e funcionários, para saberem como agir com os alunos, principalmente quando ainda na infância começam a se identificar como transexuais.

Sem dúvida, temos caminhado, apesar de algumas recaídas. Para não permitir que os retrocessos aconteçam, precisamos estar atentos, e quanto mais aprendermos sobre as pessoas LGBTQIAPN+, maior será a chance de ocuparmos mais espaços e de podermos atendê-las. Dessa forma, vamos conhecer melhor uma dimensão de nossa vida que é essencial: a sexualidade.

7
Sexualidade

> Sendo uma paixão sublime do amor que admira
> a dignidade do outro, [a sexualidade] torna-se
> uma plena e límpida afirmação de amor que
> mostra de quais maravilhas é capaz o coração
> humano e, assim, por um momento, percebe-se
> que a existência humana é um sucesso.
> Papa Francisco, 8 de abril de 2016.

Para o Papa Francisco, o respeito e a dignidade do outro são preponderantes no amor e a sexualidade é uma linda afirmação desse amor, quando a dignidade é respeitada. Dessa forma, é muito importante unirmos a teologia à ciência, para unificar os conceitos e as novas percepções ao nosso trabalho.

A ciência, como vimos anteriormente, tem feito inúmeras descobertas sobre o corpo humano suas dimensões. Entre ela está a dimensão da sexualidade e a sua importância em nossas vidas. Anteriormente, a sexualidade das pessoas LGBTQIAPN+ era percebida como patológica, pois não havia o conhecimento que hoje a ciência tem acerca do corpo e das dimensões biológicas, psíquicas, culturais etc.

Dessa forma, para entendermos melhor a pessoa humana, em geral, e, em especial, as pessoas LGBTQIAPN+, vamos olhar de frente para a sexualidade, nos diversos aspectos que a envolvem. No meu livro "A inclusão de todas/os/es", há um capítulo em que eu explico com detalhes a sexualidade. Aqui trarei o básico dessa explicação, devido à importância da sexualidade para o entendimento de gênero e de orientação sexual.

A antropologia teológica mostra-nos a necessidade de se acabar com o dualismo corpo e espírito. Afinal, corpo, espírito e psiquê fazem parte da natureza da pessoa humana, e toda pessoa precisa estar integrada em todas as suas dimensões, pois só assim conseguirá estar em conexão com ela própria, com o outro, com a natureza e com Deus.

Em 1975, a Organização Mundial de Saúde já disse que a sexualidade é central na vida do ser humano, não estando ligada apenas ao ato sexual ou à ocorrência ou não de um orgasmo.

> Sexualidade é a energia que nos motiva a encontrar o amor, contato, intimidade, e se expressa na forma de as pessoas tocarem e serem tocadas. Ela influencia pensamentos, sentimentos, ações e interações e tanto a saúde física como a mental (Lopes, 2018).

A sexualidade é benéfica em nossa vida, e não podemos procurar eliminá-la de nossas vidas.

Ao se tentar bloquear a sexualidade, a pessoa pode vir a ter muita dificuldade em se relacionar, pois ela perde a conexão consigo mesma, com a energia que a impulsiona para o amor e isto influencia na forma como passa a ver e a sentir o mundo, as outras pessoas e Deus. O resultado mais comum é se ter uma pessoa infeliz, irritada, angustiada, cheia de rancor e ódio.

Isso não impede que uma pessoa, ao sentir-se chamada por Deus, deseje dedicar a sua vida a ele, e viva em "castidade". Se este for seu real desejo, o amor que sente em relação a Deus poderá ser a energia que se voltará em prol do outro e para o mundo, e ela se sentirá uma pessoa repleta de carinho, respeito e amor. O que é diferente de ser obrigada a viver em castidade, por castigo, devido a uma sexualidade, que não é patológica e não é sua escolha.

De acordo com o teólogo Marciano Vidal, a sexualidade não influencia apenas em um setor da vida humana, mas em todas as manifestações da vida pessoal (Vidal, 2012, p. 110). Ela envolve vários aspectos como o sexo, o gênero, a orientação sexual, a reprodução etc. Aqui veremos as conceitualizações sobre os três primeiros.

7.1 Sexo

O sexo é o que determina, anatomicamente, os órgãos genitais e os hormônios, diferenciando macho e fêmea. Os machos têm o cromossomo XY e as fêmeas o XX. É um aspecto biológico. Pode acontecer de as pessoas nascerem com os dois sexos, ou com um exposto e o outro oculto, além de outras possibilidades. Estas pessoas são chamadas de intersexuais.

7.2 Gênero

O gênero ultrapassa o sexo biológico, porque está ligado aos aspectos sociais e/ou psíquicos de uma pessoa. A forma como ela se percebe e percebe o mundo. É diferente de sexo. Ao nos referirmos ao gênero, precisamos pensar em dois aspectos.

7.2.1 Os papéis de gênero ou os papéis dados pela sociedade

São as expectativas sociais relativas ao gênero da criança. Quando a criança nasce, se for menino deve agir de uma maneira, mas se for menina, deve agir de outra. De modo geral, até os brinquedos e a cor da roupa a sociedade quer determinar. No entanto, essas diferenças, que já foram consideradas naturais, possuem muitos aspectos culturais e encontram-se dentro das características que, ao final do século XVIII, eram conhecidas sobre a pessoa humana, influenciadas pelos interesses da sociedade.

Por séculos essas afirmações foram aceitas sem contestação. No entanto, estudos mais recentes informam que "homens e mulheres" podem exercer as funções que desejarem e, hoje, temos mulheres médicas, engenheiras, políticas, presidentes, teólogas, lutadoras de MMA, jogadoras de futebol etc.

7.2.2 A identidade de gênero

Está ligada ao psíquico da pessoa. Vai além dos órgãos genitais. É a percepção subjetiva de alguém ser masculino ou feminino, e como ela sente o seu gênero, em relação ao seu sexo biológico.

Quando a pessoa percebe que o seu sexo (órgão genital) está em sintonia com o seu gênero, ela é "cisgênero". Entretanto, nem sempre a identidade de gênero corresponde ao sexo com o qual a pessoa nasceu. Isto é chamado, dentro da medicina, de "incongruência de gênero". É a pessoa "transexual" ou "travesti". Seu corpo, seus órgãos, por exemplo, são de homem, e ela não se sente assim. O seu psíquico percebe que ela é uma mulher. Ou o contrário, os órgãos são femininos e a pessoa se sente como homem. Quando esta percepção leva ao sofrimento, a uma rejeição do corpo, esta incongruência ocasiona a disforia de gênero uma forte necessidade de modificar o seu corpo.

Na atualidade, existem algumas teorias sobre a transexualidade, mas uma das mais aceitas é a de que, embora não exista uma causa comprovada, segundo o Dr. Alexandre Saadeh, "no embrião humano a genitália se forma por volta da 10ª semana. Entretanto, o cérebro continua a se desenvolver até a 20ª semana, quando ele passa a definir a área responsável pela identidade de gênero". Para o Dr. Saadeh, uma genitália masculina desenvolve um cérebro masculino ou o contrário. Mas pode acontecer que a genitália seja masculina e o cérebro estruturou-se como feminino, ou a genitália é feminina e o cérebro masculino. Neste caso, a criança nasce "transgênero" (Patrícia, 2018). Esta criança, de modo geral, a partir do seu terceiro ou quarto ano de vida, neurologicamente, já terá condições psíquicas de perceber alguém diferente, e poderá ter estranheza em relação ao corpo biológico, rejeitando-o. Entretanto, isto pode acontecer mais tardiamente, na adolescência ou até mesmo na fase adulta.

É importante dizer que nem sempre as pessoas conseguem se identificar com um gênero definido. Algumas denominam-se andróginas, *queer* e/ou não binárias, que significa fluidez. Ela não consegue se colocar em nenhum gênero.

É também necessário registrar que a identidade de gênero não é uma escolha da pessoa. Ninguém escolhe ser homem ou mulher; a pessoa se descobre homem, mulher ou outra possibilidade (Furtado, 2022, p. 68–81).

7.3 Orientação sexual

Está ligada ao desejo sexual, à atração por uma outra pessoa. Também chamada de preferência sexual, só não pode ser confundida com opção sexual.

A pessoa é heterossexual quando o desejo sexual, a atração, o desejo de amar e de dar afeto é sentido para pessoas do sexo oposto. Já a pessoa é homossexual quando o desejo sexual, a atração, a vontade de amar e de ser amado ocorre por uma pessoa do mesmo sexo.

A mulher é lésbica quando o desejo sexual é sentido por uma mulher. O homem é *gay* quando o desejo sexual é sentido por outro homem. A pessoa é bissexual quando sente desejo sexual tanto por um homem como por uma mulher.

Atualmente, devido à complexidade que as pesquisas têm descoberto em relação à sexualidade humana, outros tipos de orientação sexual estão sendo acrescentados, como o *queer*, que, como já vimos, refere-se ao gênero, mas pode também estar ligado a uma orientação sexual fluida.

Também já se aceita a pessoa pansexual, aquela que tem desejo por outras pessoas, independentemente do seu sexo e gênero, pelo que elas são como pessoas. E, ainda, a assexual que, embora ainda seja uma questão polêmica, para um grupo significativo trata-se de uma orientação sexual, ou seja, é a pessoa que não tem interesse na prática sexual com outra.

A neurociência tem realizado diferentes pesquisas sobre a orientação sexual, também chamada de preferência sexual. Cito aqui o resultado da pesquisa feita por pela Drª. Suzana Herculano-Houzel (2016):

> *A preferência sexual não se escolhe: descobre-se.* Por isso, ela é exatamente tão correta quanto à cor da sua pele. Tentar mudar a preferência sexual é como insistir que uma pessoa troque a cor da pele, se torne mais baixa, ou tenha olhos de outra cor.

Finalizo este capítulo chamando uma atenção: a identidade de gênero e a orientação sexual (preferência sexual) são aspectos diferentes da sexualidade, mas ambos não são escolhas. As pessoas simplesmente descobrem a sua identidade de gênero, como também a orientação sexual (Furtado, 2022, p. 81–90).

8
A família tradicional e os novos arranjos familiares

> A força da família reside, essencialmente, na sua capacidade de amar e de ensinar a amar. Por mais ferida que uma família possa estar, ela pode sempre crescer a partir do amor.
> Papa Francisco, AL.

Quando se fala em família, imediatamente pensa-se na família tradicional, patriarcal. Mas acredito que o que forma e dá força a uma família, como disse o Papa Francisco, na *Amores Laetitia*, é a sua força e capacidade de ensinar e amar.

Diante das dificuldades da sociedade contemporânea, as famílias passaram a se organizar de diferentes formas, longe da forma tradicional e considerada "ideal". Mas nesse emaranhado da vida atual, formaram-se diferentes configurações possíveis para que a família pudesse continuar existindo e se ajudando. Estes diferentes arranjos familiares já são realidade tanto juridicamente quanto na vida cotidiana. Mas antes de conhecê-los, vamos fazer um passeio na história, e ver como se formou a ideia de família.

8.1 Retrospecto histórico

No Período Paleolítico Superior, o homem era nômade e não havia exclusividade nos atos sexuais. Por este motivo, não se ligava a geração de filhos ao homem, somente à mulher. A mulher era considerada divina, pois o único vínculo que podia ser confirmado era o da mulher com os seus filhos.

Segundo Cappellano, a mulher era vista com mistério: "trata-se de um ser misterioso que todos os meses sangra, mas não morre, tem filhos, e os alimenta com o leite que o seu próprio corpo produz [...]" (Cappellano, [s. d.]).

Cultuava-se a deusa Geia, considerada a deusa da terra, mãe geradora de todos os deuses, a criadora do planeta. A deusa Geia era também chamada de Gaia, Gaea, Gê, ela teria nascido do caos, e foi a ordenadora do Cosmos. Foi a responsável por acabar com a desordem e a destruição em que o Cosmos se encontrava, tendo criado a harmonia. Essa história mítica ajuda-nos a ver o poder que era conferido à mulher.

No Período Neolítico (aproximadamente 8.000 a.C.), o poder das mulheres era ainda maior, pois elas eram muito ativas na comunidade. Devido às mudanças climáticas, as condições de vida haviam melhorado e as pessoas começaram a procurar moradia próxima aos rios, em busca de terra fértil para a agricultura. Homens e mulheres passaram a produzir o que comiam, plantavam frutos, vegetais, legumes etc. Não havia mais necessidade de vagar à procura de alimentos (Furtado, 2022, p. 96).

Neste último período pré-histórico, homens e mulheres se organizavam de forma igualitária e coletivista. As mulheres eram parceiras dos homens na fabricação de raspadores, facas e pontas, sendo consideradas tão aptas a caçar quanto eles, manejando lanças e construindo armadilhas.

As mulheres também foram as pioneiras no manejo da farmácia, da agricultura, da astrologia, da medicina, da pecuária, do feitio de utensílios domésticos (Highwater, 1992, p. 43), como foram também as pioneiras ao dar o primeiro passo no processo de hominização dos primatas. Elas se afastaram do cio para os atos sexuais, não limitando mais o sexo à procriação, como fazem os outros animais. Ao contrário, transformaram a sexualidade em um aspecto cultural que humanizou a sexualidade animal.

Nesse período, começaram a se formar as famílias e os clãs. É possível dizer que família significava proteção, compartilhamento de alimento, laço de confiança para a procriação e a continuidade da espécie (Domingues, 2020).

No entanto, ao surgirem as primeiras cidades, na Idade dos Metais, a deusa mãe primitiva começou a ser substituída pelos deuses masculinos e os homens, naquele momento, já conscientes do papel que desempenhavam na concepção, passaram a submeter as mulheres ao seu jugo, criando uniões estáveis entre um homem e uma ou mais mulheres.

De acordo com Maria da Graça Moukarzel, o clã patriarcal começou a se impor, impulsionado pela força maior que o homem possuía. Dessa forma, longe dos antigos rituais ligados à agricultura e à fertilidade, a mulher perdeu, pouco a pouco, o seu papel de destaque e a deusa Geia foi esquecida. "Uma mudança lenta e gradual que acompanhava os estágios de organização das sociedades" (Highwater, 1992, p. 45).

Foi nesta época que surgiu o modelo de família patriarcal, com o homem sendo o chefe da família. Com o tempo, o modelo passou a ser aquele em que um homem e uma mulher se unem em matrimônio e geram descendentes. O homem era o chefe de família e se responsabilizava pela gestão das finanças e da família, e a mulher ficava dentro de casa, cuidando da casa e dos filhos.

No entanto, com o passar do tempo, o conceito de família foi se modificando e ganhando novas roupagens. Na contemporaneidade, conceituar família não é fácil. De acordo com o ordenamento jurídico brasileiro, o tradicional núcleo familiar, composto por pai, mãe e filho, não é mais o único a ser aceito. A família deixou de se basear em laços biológicos para se sustentar em laços afetivos (Lopes, 2015).

Na atualidade, juridicamente o casamento é apenas mais uma forma de constituição familiar, mas existem outros diferentes formatos de família, baseados no afeto, não visando apenas o interesse estatal.

8.2 Formatos de família juridicamente existentes

São vários os formatos de família possíveis do ponto de vista jurídico:

• *Família matrimonial*: decorre do casamento.

• *Família informal*: decorre da união estável.

• *Família monoparental*: constitui-se pelo vínculo existente entre um dos genitores com seus filhos, no âmbito de especial proteção do Estado – nesse modelo, um dos genitores é o responsável.

• *Família anaparental*: origina-se da convivência existente entre parentes ou entre pessoas, ainda que não parentes, dentro de uma estruturação com identidade e proposito, não têm a presença dos pais. É o caso, por exemplo, de irmãos mais velhos que cuidam dos mais novos; a *família eudomista* é aquela identificada pelo vínculo afetivo.

• *Família multiparental* ou *composta*, *pluriparental* ou ainda *mosaico* ou *reconstituída*: refere-se aos casos em que há filhos de um casamento e de outro ou de outros casamentos. Quando existem pai ou mãe biológico, e outro ou outros pais e mães socioafetivos. Um não exclui o outro.

• *Família homoafetiva*: é a que decorre da união de pessoa do mesmo sexo. Este é um modelo de união já reconhecido pelos tribunais superiores brasileiros.

• *Família homoparental*: refere-se a casais que decidem assumir uma relação, e desejam ter filhos, adotando crianças ou por meio de inseminação artificial (Lopes, 2015).

8.3 Família para a Igreja Católica

De acordo com a visão bíblica, homem e mulher são chamados, juntos, a continuarem a ação criadora de Deus e a construção mútua, gerando filhos. Este é o desígnio de Deus para o homem e para a mulher. Em Gn 1,27-28, lê-se: "criou Deus o homem à sua imagem; à imagem de Deus o criou; homem e mulher, os criou. E Deus os abençoou, e Deus lhes disse: Frutificai e multiplicai-vos, e enchei a terra, e sujeitai-a".

Em Gn 2,23-24, disse, então, o homem: "esta, sim, é osso dos meus ossos e carne da minha carne. Ela será chamada mulher, porque do homem foi tirada. Por essa razão, o homem deixará pai e mãe e se unirá à sua mulher, e eles se tornarão um só carne".

No Catecismo da Igreja Católica (CIC 2379), consta que o matrimônio é entendido como o fundamento da família. É dotado de características próprias e permanentes que exigem compromisso público e irrevogável do qual decorrem direitos e deveres recíprocos entre os cônjuges. Nele consta a totalidade da doação recíproca definitiva, a indissolubilidade, a fidelidade e a abertura à fecundidade. Portanto, rejeita o divórcio, o casamento entre pessoas do mesmo sexo, a poligamia e o adultério. Foi elevado à condição de sacramento e deve a sua estabilidade à lei divina positiva.

O Papa Paulo VI disse no discurso em Nazaré, em cinco de janeiro de 1964, que a Sagrada Família é um exemplo preclaro de vida familiar.

Diante de tantos novos formatos de família, juridicamente aceitos pela sociedade, com os seus membros frequentando a Igreja, como manter apenas um formato de família? Como dizer às diferentes pessoas que comparecem às paróquias que elas não formam famílias? E em relação às famílias homoafetivas e homoparentais, como proceder?

Na III Assembleia Geral Extraordinária, os desafios pastorais sobre a família no contexto da evangelização *Relatio Synodi*, em 18 de outubro de 2014, na atenção pastoral às pessoas com orientação homossexual, podemos ler, no número 55:

> Algumas famílias vivem a experiência de ter no seu interior *pessoas com orientação homossexual* [...]. "Não existe fundamento algum para equiparar ou estabelecer analogias, mesmo remotas, entre as uniões homossexuais e o plano de Deus sobre o matrimônio e a família". *Não obstante, os homens e as mulheres com tendências homossexuais devem ser acolhidos com respeito e delicadeza. Deve evitar-se, para com eles, qualquer atitude de injusta discriminação* (Congregação para a Doutrina da Fé, *Considerações sobre os projetos de reconhecimento legal das uniões entre pessoas homossexuais*, 4).

Temos aí um impasse, mas também uma ordem clara que diz que "as pessoas homossexuais devem ser acolhidas com "respeito e delicadeza".

De acordo com o Papa Francisco, na mensagem enviada aos participantes do I° Congresso Latino-americano de Pastoral Familiar, de 4 a 9 de agosto, em 2014, no Panamá, "a família é um centro de amor, onde reina a lei do respeito e da comunhão, capaz de resistir aos ataques da manipulação e da dominação dos centros de poder mundanos". Para ele,

> o amor familiar é fecundo, e não somente porque gera novas vidas, mas porque amplia o horizonte da existência, gera um mundo novo; faz-nos acreditar, contra toda desesperança e derrotismo, que uma convivência baseada no respeito e na confiança é possível.

Para a especialista em sexualidade humana e assessora de coordenação do Grupo Católico de Acompanhamento Pastoral com pessoas LGBTQIAPN+ (2017-2023), responsável pelo Grupo Mami, Silvia Kreus, de acordo com o Papa Francisco, somos todos chamados à santidade, e ela se inicia nas famílias. Não porque as famílias são perfeitas, mas porque são o lugar fecundo para o cuidado e a valorização da vida (Kreus, 2023).

Se olharmos agora, novamente, para a Sagrada Família, poderemos ver que a família realmente perfeita, na realidade, diante do mundo e longe da fé cristã, apresenta-se fora de todos os padrões, e que foi pelo amor e pela fé em Deus que enfrentou todos os empecilhos para nos dar o Salvador do mundo, o Cristo servidor, repleto de amor. Será que existe uma família perfeita? Ou perfeito é só o amor incondicional de Deus, por meio do qual uma família precisa amar?

9

As igrejas inclusivas e os grupos católicos LGBTQIAPN+

> As pessoas LGBT deveriam ler o livro dos Atos dos Apóstolos. Lá encontrarão a imagem da Igreja viva.
> Papa Francisco, 9 de maio de 2022.

Atualmente, tem-se falado muito em inclusão, mas poucas pessoas sabem o que significam as igrejas inclusivas e o quanto elas salvaram e ainda salvam vidas de pessoas LGBTQIAPN+, da mesma forma que os grupos católicos LGBTQIAPN+ formados com inspiração do amor incondicional de Deus.

9.1 As igrejas inclusivas

Não foram poucas as pessoas LGBTQIAPN+ que deixaram as igrejas cristãs e católicas pela obrigação de viver a castidade ou por serem percebidas como pessoas doentes que precisavam ser curadas ou até por ouvirem que necessitavam expulsar o maligno que havia dentro delas. Pessoas que ficaram perdidas, sem rumo, abandonadas. Infelizmente, ainda chegam pessoas assim aos grupos católicos LGBTQIAPN+ e em meu consultório de psicologia, algumas até pensando em suicídio.

A primeira igreja inclusiva surgiu como forma de ajudar a comunidade LGBTQIAPN+ que estava sendo perseguida nos Estados Unidos. O grupo sofria ataques vindo das igrejas cristãs e uma forte perseguição da polícia. Quando houve a reação popular contra os policiais que saíam com os presos diante do Bar Stonewal Inn, em 1968, a Igreja da Comunidade Metropolitana (ICM) saiu em defesa da comunidade, como uma igreja inclusiva (Furtado, 2021, p. 83). Para o antropólogo Marcelo Natividade, "a ICM surgiu em um momento de muita efervescência política, que ganhou força com o Stonewall"(Natividade, 2016)[1]. Durante a luta contra a AIDS, nas décadas de 1970 e 1980, essa igreja também atuou ativamente.

No Brasil, a primeira tentativa de incluir as pessoas LGBTQIAPN+ em uma igreja foi feita com o pastor Nehemias Marien, em 1990, na Igreja Presbiteriana Bethesda, em Copacabana. Ele acabou sendo expulso da congregação e a igreja fechou. Entretanto, nos anos 2000, chegou ao Brasil a Igreja da Comunidade Metropolitana (ICM) e a partir daí as igrejas inclusivas foram, significativamente, aumentando.

---

1. EL PAÍS, 2016.

Entre as igrejas inclusivas existentes, cito: Igreja da Comunidade Metropolitana, Igreja Contemporânea Cristã, Igreja Cidade Refúgio, Igreja da Congregação Cristã Nova Esperança, Igreja Comunidade Athos, Igreja Betel etc.

Como as igrejas evangélicas não possuem uma hierarquia religiosa centrada, isso favoreceu o surgimento e a pluralidade das igrejas inclusivas. Existem diferenças de uma igreja inclusiva para a outra, entretanto, todas procuram olhar para a pessoa humana, independentemente do seu gênero ou orientação sexual. Elas se preocupam em fazer a interpretação bíblica dos textos sobre os atos entre iguais, com a necessária contextualização e hermenêutica. São locais de resistência, apoio, acolhimento, carinho e respeito às pessoas LGBTQIAPN+ e suas famílias, que procuram estas igrejas, de modo geral, após sofrerem discriminação e exclusão.

Muitos católicos LGBTQIAPN+ desanimados, sentindo-se abandonados, foram para as igrejas inclusivas, mas um número significativo desejava continuar na Igreja Católica e após muita oração e reflexão foi criado o primeiro grupo católico LGBTQIAPN+.

9.2 Os grupos católicos LGBTQIAPN+

O primeiro grupo católico LGBTQIAPN+ surgiu na cidade do Rio de Janeiro em 2007, com a orientação espiritual do Pe. Luís Correa Lima, na Casa dos Jesuítas, na Gávea. O grupo recebeu o nome de "Diversidade Católica" e o objetivo inicial era acolher e apoiar às pessoas LGBT que buscavam carinho e compreensão, pois haviam deixado, ou sido expulsas de suas paróquias. Entretanto, com rapidez o grupo cresceu e reuniu não só as pessoas LGBT, mas também mães, pais, casais homoafetivos e pessoas que lutam pela inclusão de todos na Igreja. Este foi só o início, pois outros grupos começaram a surgir pelo Brasil afora, principalmente no pontificado do Papa Francisco.

Hoje são cerca de 25 grupos católicos LGBT e existe a Rede Nacional de Grupos Católicos LGBT. A primeira coordenadora da rede nacional foi a psicóloga Cris Serra, que trabalhou, intensamente e deixou um legado muito importante. Atualmente, a coordenação está com Luís Fernando Rabello, que tem continuado a luta, para o respeito e a inclusão dos grupos à Igreja.

Apesar da existência e da importância desses grupos, um número considerável de grupos católicos LGBT não estão ligados à Igreja. Os encontros não acontecem nas igrejas, mas nas casas das pessoas, nos salões dos condomínios e alguns pela internet. Enfim, são realizados nas "catacumbas" atuais.

Durante o período de reuniões para o Sínodo, algumas arquidioceses ignoraram as pessoas LGBTQIAPN+ e este tema, mas de uma forma ou de outra os grupos católicos LGBT participaram. Houve, inclusive, a formação do Grupo Interdiocesano Caminho Sinodal LGBTQIAPN+ e famílias, que eu, Maria Cristina Furtado, e o Diácono Bernardo coordenamos, buscando a participação de grande número de pessoas LGBTQIAPN+ para responder ao questionário. Ao final, foi feito um relatório e enviado à CNBB e ao Vaticano.

Na fase continental do Sínodo na América Latina e Caribe tivemos a satisfação de ter um representante da rede nacional de católicos LGBT e de uma mãe, Silvia Kreus, responsável pelo MAMI. No resumo desta fase, houve, como desejávamos, referência às pessoas LGBTQIAPN+.

No número 64 isso aconteceu de forma geral. "Os pobres têm muitos rostos: rostos de mulheres, povos indígenas e afrodescendentes, pessoas em condições vulneráveis como migrantes e refugiados, pessoas com deficiência, crianças e idosos vulneráveis, e muitos outros". No número 65, fomos citados:

> [...] vários apelos nos lembram que no espírito de Jesus devemos ser inclusivos com os pobres, *com as comunidades LGBTQI+,* com os casais em segunda união, com os sacerdotes que querem voltar à Igreja em sua nova situação, com as mulheres que abortam por medo, com os presos, com os doentes (Celam, 2021).

A intenção colocada no relatório da fase continental do Sínodo, está de acordo com o desejo do Papa Francisco, e o número 65 ainda fala da necessidade de "caminhar juntos em uma Igreja sinodal que escuta todos os tipos de exilados para que se sintam em casa", uma Igreja que é "um refúgio para os feridos e os quebrados" (Celam, 2021). Que assim seja!

10
A ética teológica:
a ética da inclusão

> O teólogo tem de ir em frente, estudar o que vai além; enfrentar aspectos que não são claros e arriscar no debate. Isto, no entanto, entre teólogos. [...]. A dimensão do relativismo, por assim dizer, que estará sempre presente no debate, deve permanecer entre os teólogos é a vossa vocação.
> Papa Francisco, 29 de novembro de 2019.

Nesta mensagem, o papa aborda a importância do trabalho teológico e a sua preocupação para o teólogo seguir em frente, já que esta é a sua vocação. Ao mesmo tempo que se dirige ao teólogo, ele insiste na necessidade de termos uma Igreja em saída, na qual todos devem ser pontes para os que necessitam. Para o Papa Francisco, a Igreja tem que ser um hospital que acolhe as pessoas feridas, incluindo-as, cuidando delas, e integrando-as.

10.1 A ética teológica

Se quisermos pensar em um atendimento às pessoas LGBTQIAPN+ com base no amor incondicional de Deus, precisamos refletir um pouco sobre o que que nos leva a esse amor. A meu ver, só por meio da ética da inclusão seremos levados a incluir, cuidar e atender, vivendo o amor que não impõe condições.

Acredito, então, que a primeira coisa que precisamos fazer é pensar quem é Deus para nós. Aquele que pune, castiga, abomina e mata? Encontra-se distante, todo poderoso no luxo, na riqueza, ou aquele que está no meio de nós, participa da nossa vida e conosco sorri, sofre, chora, acolhe e consola, podendo ser capaz de se colocar no lugar de cada filho ou filha? Um Deus que, como afirmam os Padres Alfonso Garcia Rubio e Luís Correa Lima, "é Todo-poderoso no amor" (Furtado, 2022, p. 283).

A história da salvação começa com um Deus que cria o mundo, mas o seu clímax acontece com a vinda de seu Filho. Ele se esvazia dos privilégios de sua divindade para se tornar humano e, por seu imenso amor, dá a vida pelo ser humano. É por isso que em 1Jo 4,8 encontramos: "Deus é amor" e "não há amor maior do que aquele que dá a vida pelos seus amigos" (Jo 15,3). E Jesus não deu sua vida só pelos seus amigos, ele deu por todas as pessoas. Amigos e inimigos, aqueles que o perseguiram e mataram, por todos, indiscriminadamente, para que tivessem a vida eterna.

No primeiro livro da Bíblia, Gênesis, encontramos que Deus é bom e que sua bondade o fez criar o mundo. Ao final, vemos que "tudo que Deus fez é bom".

> Disse Deus: Haja luz; e houve luz. Deus viu que *era boa a luz*. [...]. E chamou Deus à porção seca terra; e ao ajuntamento das águas chamou mares; e viu Deus que era bom. [...]. E a terra produziu erva dando semente conforme a sua espécie [...] *e viu Deus que era bom*. [...]. E criou Deus o homem à sua imagem; [...] homem e mulher os criou. [...] Deus viu tudo quanto tinha feito, *e eis que era muito bom* (Gn 1,1-31).

Se tudo o que Deus criou é bom, o ser humano é bom! Deus criou o ser humano à sua imagem e semelhança, portanto, é bom!

Como já vimos, o ser humano, logo no início da história, perdeu-se, e o nosso caminho de salvação tornou-se o Cristo. Com a entrada do pecado no mundo, ficamos com o "bem e o mal" dentro de nós, ou seja, "o joio e o trigo", da parábola de Mt 13,24-46, que Jesus contou, e para vencermos o mal, precisamos seguir Jesus Cristo, que é amor.

De acordo com Alfonso Garcia Rubio (2007, p. 264), na profissão de fé do Papa Dâmaso (366-380), ele revelou que no Deus da fé cristã, no Deus único, existe a relação, existe o amor! Ou, melhor ainda: Deus, em si mesmo, é amor! Deus é liberdade. O Deus trinitário é relação, é amor.

O meu pensamento agora vai para as pessoas LGBT QIAPN+. Lemos, nos capítulos 4 e 5 deste livro, que tanto a identidade de gênero quanto a orientação sexual não foram escolhas, mas descobertas. Essas pessoas nasceram e descobriram, ao longo de suas vidas, o seu gênero e a sua orientação sexual. Se tudo que Deus fez é bom, e o próprio Deus é amor, como ele pode renegar as pessoas LGBTQIAPN+? É bom aqui recordarmos as palavras do Papa Francisco a uma mulher transexual: "Deus ama as pessoas como são!"

A teologia moral estuda os princípios ético-morais ligados à doutrina e às verdades reveladas por Deus, como também a sua aplicação posterior, na vida do cristão e da Igreja" (Teologia moral, [*s. d.*]). Princípios que precisam ser debatidos, e refletidos, para só depois se pensar em modificação ou não. Na Igreja Católica, para haver qualquer modificação na doutrina, passa-se por um processo longo e demorado. Primeiro passa-se pelo *sensus fidei* (consciência dos fiéis), com o apoio de teólogos e teólogas que lhes trazem as reflexões teológicas que questionam as tradicionais e, com o passar do tempo, chega-se a um *consensus fidelium* (consenso dos fiéis). Só então o magistério aceita determinar se é possível haver alguma mudança ou se uma nova prática faz parte da fé católica (CTI, 2014, 3). É dessa forma que tem acontecido na história da Igreja. Cito aqui, como exemplos, a cobrança de juros por empréstimo, a liberdade religiosa e outras questões (CTI, 2014, 73, I .3).

O Papa Francisco reconhece essa demora e a necessidade da doutrina não se enrijecer. Ao mesmo tempo, insiste que, enquanto os teólogos pesquisam, e debatem o tema, a Igreja precisa acolher a todas as pessoas, sem discriminá-las. Existem pessoas que, hoje, estão sofrendo, desejando e precisando ser acolhidas pela Igreja, elas não podem mais esperar.

Entretanto, aceitar as pessoas que são diferentes é sempre muito difícil. Seja na maneira de pensar, na religião, no posicionamento político etc., é difícil aceitar o que é diferente de mim. Por este motivo, tem-se desfeito amizades com amigos, e até parentes próximos. Mas o amor de Deus é muito maior, é incondicional. Ele simplesmente ama.

Aprendemos, em um passado recente, que a sexualidade era apenas "binária" (homem e mulher), e não se pensava diferente, porque desconhecia-se o que sabemos hoje. A ciência evoluiu e nos trouxe conhecimentos novos. Hoje a ciência pesquisa e debate sobre uma pluralidade sexual que vai além de homem e mulher. Algo que traz incertezas que o Papa Francisco não deseja para o seu rebanho, mas, na verdade, é impossível ignorar. O tema está na *internet*, para qualquer pessoa ler e, às vezes, com graves erros. Torna-se impossível não abordar certos assuntos, pois o desconhecimento e o medo da verdade têm feito muita gente sofrer e até morrer.

De acordo com a ética cristã, o Reino de Deus e o seguimento de Jesus Cristo são a fundamentação teológica da ação moral. Para a doutora em teologia, Cássia Tavares, "a base da fé cristã e o núcleo central da revelação cristã, encontram-se no fato de Deus tomar a forma humana, em Jesus de Nazaré" (Tavares, 2012).

Jesus anunciou e vivenciou o Reino de Deus. Um reino de paz, justiça, perdão, liberdade e amor! Onde a misericórdia está acima da legalidade, em prol do ser humano. Um reino que irrompe no mundo, por meio de Jesus, com suas palavras e gestos, e traz um novo modo de agir cuja inspiração encontra-se no agir do Deus do reino: no amor. Este nos leva à ética da alteridade, que nos traz a ética de Cristo e, com ela, consigo chegar à ética da inclusão.

10.2 A ética da inclusão

Para o filósofo Emmanuel Lévinas, temos muita dificuldade em aceitar o diferente porque a nossa subjetividade está voltada para nós mesmos, para a nossa felicidade, para o nosso prazer, e isso nos leva a só aceitar na outra pessoa o que está de acordo com os nossos próprios padrões.

René Girard nos diz que, sem pensar, repetimos comportamentos de rejeição, discriminação e, às vezes, até exercemos a violência física, verbal etc., porque aprendemos que certas pessoas, por serem diferentes, estão erradas (Lévinas, 2002, p. 106).

Lévinas explica que, para não exercermos a violência com o diferente, a solução é vivenciar a **ética da alteridade**. O próprio nome já diz: é a ética que parte do outro. Para isso, é importante conhecer a pessoa diferente, olhar o seu rosto, a fim de vê-la como ele realmente, é. Diante da pessoa, do seu sofrimento, podemos descobrir nela a quatríade bíblica:

> o pobre, o órfão, a viúva e o estrangeiro. Pessoas tão diferentes que não podem ser transformadas em uma igual, mas por estarmos diante do seu sofrimento, do

seu rosto, e olhar, ela pode nos revelar Deus, provocando uma abertura em nossa subjetividade, pois já somos marcados por Deus (Lévinas, 2002, p. 194).

A teóloga Maria Inês Millen afirma que a ética cristã aponta para uma moral que se baseia nas Sagradas Escrituras (Millen, 2010). Ela cita o Papa João XXIII, para quem era importante sempre cuidar, aliviar e, se possível, curar a pessoa dos pecados, dos problemas, das aflições, das culpas e dores. Mas só poderemos encontrar o caminho do cuidado verdadeiro por meio do seguimento de Jesus Cristo, pois a ética de Cristo tem como prioridade o amor, a dignidade e a felicidade da pessoa humana, como nos indica o Sermão da Montanha (Mt 5-7).

É este amor de Cristo que nos impulsiona ao outro e nos guia quando desejamos nos abrir para viver uma ética na qual há lugar para todas as pessoas, na qual poderemos viver um inter-relacionamento harmonioso, feliz, amoroso com a participação e respeito de todas as pessoas. A meu ver, esta é a ética da inclusão (Furtado, 2022, p. 313).

Por meio da ética da inclusão podemos participar de forma construtiva de tudo que está a nossa volta, respeitando o outro e sendo respeitados. Não se trata de querer impor padrões ao outro, nem tampouco um "tudo vale". Mas viver uma ética na qual cada pessoa pode agir como cidadão ou cidadã, ou como membro da igreja, e seja ouvido, possa opinar, decidir, viver, respeitar e ser respeitado no amor de Cristo.

É importante lembrar que

> Deus está conosco, quando estamos sós ou na multidão, e conosco ele chora, ri e luta por justiça, e leva-nos à vivência de uma ética que inclui, ativamente, todas as pessoas, com os mesmos direitos, deveres, vivendo, mais do que a igualdade, a equidade (Furtado, 2020, p. 44–45).

A ética da inclusão surge de um amor oriundo de um Deus que sofre com cada pessoa quando é maltratada, excluída, mas a consola e fortifica para seguir em frente e se libertar da opressão. Como está em Mateus, "[...] em verdade vos digo que quando o fizestes a um destes meus pequeninos irmãos, a mim o fizestes" (Mt 25, 40).

Ela nos possibilita termos um lugar para todos, que não seja dividido entre "nós" e "eles", onde os que fazem parte do "nós", que pensam e agem como nós, são bem-vindos, e "eles" ou os "outros" são inimigos que precisam ser excluídos.

Uma ética impregnada do amor incondicional de Deus, na qual existe uma forma de ver e sentir o mundo, de modo que haja lugar para todas as pessoas que se respeitam por meio do diálogo, da empatia e do amor. Somos todos filhos do mesmo Deus e todos possuímos o direito de estar onde desejamos, desde que cada pessoa seja respeitada na sua individualidade e como um ser social. Todos somos especiais, porque fomos criados por um Deus que tudo o que criou é bom! Porém, só Deus é perfeito.

De acordo com o teólogo Rahner, na escolha pela opção fundamental de estar com Deus, a pessoa tem acertos e erros. Na realidade, somos todos pecadores, o que muda é o pecado. O Papa Francisco disse: "ser homossexual não é crime". Não é crime, mas é pecado. Tudo bem, mas primeiro vamos distinguir um pecado e um crime. "Também é pecado faltar à caridade uns com os outros", acrescentou.

Quando julgamos o outro, muitas vezes o fazemos pelo que aprendemos ou por crenças, mas como vimos que a ciência está sempre descobrindo novos conceitos, será que não estamos sendo injustos? Jesus disse: "não julgueis, para que não sejais julgados. Pois com o critério com que julgardes, sereis julgados; e com à medida que usardes para medir a outros, igualmente medirão vocês" (Mt 7,1-2). Então, vamos tirar primeiro a trave dos nossos olhos (Mt 7,4-5), antes de julgar e criticar os outros.

Jesus não excluiu ninguém. Nem a Pedro que o negou e nem a Judas que o traiu. Por este motivo, para cuidar das pessoas, precisamos nos colocar nem acima nem abaixo de ninguém. Precisamos estar juntos, empáticos, solidários, misericordiosos e repletos de amor. Esta é a base para as teologias libertadoras inclusivas: o Deus do amor incondicional. Como diz o Papa Francisco: "quem sou eu para julgar?" (Furtado, 2022, p. 314).

11
Teologias libertadoras inclusivas

> O Cristianismo original não era o da "exclusão", mas o da "acolhida" de todos, até mesmo dos maiores pecadores.
>
> Papa Francisco, 20 de fevereiro de 2015.

Vimos, anteriormente, que em diferentes passagens bíblicas o amor de Jesus às pessoas é incondicional. Ele celebra a vida, incluindo-as e integrando-as ao grupo de seguidores. Jesus não tenta fazer as pessoas todas iguais. Aliás, os apóstolos são bem diferentes uns dos outros. O que os une é o próprio Jesus que os respeita no que são iguais e diferentes, e procura não separar, mas unir a todos.

Para o filósofo René Girard, ao contrário do ódio e da violência que existiam nas religiões, os evangelhos revelam que, para escapar da violência, é preciso amar completamente o irmão e abandonar as mimeses violentas.

Infelizmente, vemos muitos cristãos que insistem em unir a violência ao sagrado. Esquecem da misericórdia, do amor, do respeito ao outro, entendendo qualquer tentativa de termos uma teologia inclusiva, tão ampla, tão misericordiosa, como uma tentativa de se adaptar a teologia ao pecado. Como o Papa Francisco diz: "são pessoas que se infiltram na Igreja". A meu ver, pessoas que pela dificuldade de não conseguirem aceitar o diferente de si, discriminam e, talvez, até por não aceitarem o que de igual podem ter e não desejam. Isso é o oposto do amor e do que clamam os evangelhos.

Segundo Maria Clara Bingemer, a violência é hoje um fato massivo e isto é tão forte que se tornou um desafio para a consciência moral do nosso tempo (Bingemer, 2002, p. 11). A meu ver, a ética da inclusão pode nos ajudar a vencer a violência, pois ela nos leva a pensar em ações e em teologias que nos libertam de nós mesmos e das amarras que tentam nos impor. Livres, poderemos incluir e deixarmo-nos ser incluídos.

As teologias inclusivas buscam abranger a todas as pessoas que desejam estar próximas de Deus, como um grande "todos", e, individualmente, pelo cuidado a cada pessoa.

11.1 Teologias libertadoras inclusivas e libertadoras LGBTQIAPN+

A grande sigla LGBTQIAPN+ pretende visibilizar não apenas o grupo, mas a singularidade de cada pessoa que se encontra nas letras da sigla LGBTQIAPN+. São pessoas com necessidades diferentes. Vivem uma sexualidade diferente do padrão, e sofrem, com frequência, o *bullying*, o menosprezo, a discriminação e a exclusão.

Dessa forma, precisamos pensar em teologias que não partam do abstrato, do universal, para alcançar, igualmente, às pessoas. Ao contrário, precisamos seguir o caminho de Jesus, que ama cada pessoa na sua peculiaridade, na sua diferença, percebendo que a natureza possui caminhos diversificados e o seu amor encontra-se nas mais diferentes famílias. Se tudo o que Deus fez é perfeito, cada pessoa é perfeita no que tem de igual e no que tem de diferente (Furtado, 2023, p. 1-6).

As teologias libertadoras inclusivas não são apenas voltadas às pessoas LGBTQIAPN+, mas às pessoas que sofrem discriminação. Por exemplo, a teologia negra. Ela é muito importante, porque será por meio da consciência reflexiva, da sua hermenêutica antirracista e a valorização da pessoa negra, que poderemos refletir sobre o preconceito, o valor existente em cada pessoa humana, além da importância do que é igual e do que é diferente, do respeito aos direitos humanos e a todas as pessoas. Da mesma forma, são importantes as teologias feministas e ecofeministas, pois nos permitem pensar, como os padrões patriarcais da nossa sociedade e das igrejas, interferem na sociedade. Mostra-nos ainda a importância de cuidarmos da mãe terra, nossa casa comum, e de se respeitar e valorizar as mulheres desse planeta.

As teologias libertadoras inclusivas são também chamadas de teologias plurais e nos ajudam a refletir sobre a equidade de direitos e deveres, valorizando a colaboração ao invés da dominação, o respeito a todas as formas de vida e a liberdade que toda pessoa precisa para amar e ser amada.

Mais especificamente entramos nas teologias libertadoras inclusivas LGBTQIAPN+, nas quais encontramos diferentes abordagens e focos dentro de tal universo. Anteriormente, vimos o que é uma pessoa *queer*, então, a teologia *queer*, idealizada pela teóloga Marcella Althaus-Reid, ajuda-nos a refletir sobre a fluidez do gênero e a não obrigatoriedade do binarismo. Uma teologia que traz a imagem do Deus *queer*, "que está sempre em processo, com múltiplas faces, e nunca terminamos de conhecer" (Furtado, 2023, p. 1–6).

Também é importante conhecermos a teologia de Mary Hunt, sua reflexão sobre as mulheres marginalizadas, excluídas e as mulheres lésbicas, unindo teologia e ética, dando atenção às questões de justiça social (Furtado, 2023, p. 1–6).

As teologias libertadoras inclusivas LGBTQIAPN+ precisam ser refletidas. Essas teologias, unidas às reflexões bíblicas, por meio das ações de Jesus, poderão ajudar a se atingir uma nova perspectiva de vida, que possibilitará a realização de um trabalho de acolhimento, inclusão, cuidado e integração de todas as pessoas LGBTQIAPN+.

12
Atendimento pastoral às pessoas LGBTQIAPN+

> A ação pastoral da Igreja não pode ser estática,
> deve estar sempre em movimento para levar o
> Evangelho a todos.
> Papa Francisco, LS 14.

Partir da realidade, dialogar, ter a participação de todos, e dar espaço para o espírito agir, são mais do que palavras para o Papa Francisco, na realidade, são ações que não podem faltar em uma metodologia pastoral. Para ele, a doutrina da Igreja evolui e, como disse aos Jesuítas em Portugal, "voltar atrás é inútil". Segundo o próprio papa, "a Igreja não pode continuar obcecada com 'pecados abaixo da cintura'".

Depois de toda a caminhada que fizemos neste livro, acredito que chegou a hora de pensarmos no atendimento pastoral às pessoas LGBTQIAPN+.

12.1 Existe o atendimento pastoral às pessoas LGBTQIAPN+?

No Brasil, não. Sabemos que, embora este seja o desejo de grande parte dos grupos católicos LGBTQIAPN+, eles não são considerados uma pastoral e não estão vinculados, oficialmente, à Igreja. Atualmente, os grupos estão ligados ao Conselho Nacional do Laicato do Brasil e alguns membros participaram como delegados da Assembleia do Cone Sul, da fase continental do Sínodo, o que foi considerado, um avanço. Mas, a maior parte, dos grupos encontra-se funcionando nas catacumbas atuais, e aguardando que o amor incondicional de Deus, como deseja o Papa Francisco, tome conta da Igreja.

Algumas tentativas já foram feitas. Luis Fernando Rabello, coordenador nacional dos grupos católicos LGBTQIAPN+, nos conta que, no Rio de Janeiro, já houve a Pastoral de Nova Iguaçu. Na época, surgiu por iniciativa do próprio bispo, Dom Luciano Bergamin, que, questionado sobre a razão de permitir o funcionamento da pastoral em sua diocese, respondeu: "se Jesus é o Bom Pastor, pastoral é procurar fazer o que Jesus fazia. O que ele faria? Julgar moralmente, não é a primeira atitude, a primeira atitude é de acolher, e de escutar" (Batista; Rabello, 2023). Mas após a mudança do bispo, o atual fechou a pastoral sem que os integrantes recebessem alguma orientação ou fossem colocados em outro local. A mesma situação aconteceu em outros lugares, que fecharam após pressão dos grupos conservadores.

Infelizmente, vemos que nas arquidioceses, dioceses, paróquias, capelas etc. a continuidade de um trabalho depende de quem está no comando. Durante três anos, coordenei o Grupo de Inclusão Social, na Paróquia São Francisco de Paula, na Barra da Tijuca, no Rio de Janeiro, onde eu e outras pessoas, quinzenalmente íamos à noite, à Praça do Ó, conversar com as mulheres trans/travestis, a fim de ouvi-las e pensar com elas possibilidades de uma vida melhor, longe das ruas. No final de 2017, depois de termos conseguido retirar das ruas oito mulheres transexuais/travestis, houve mudança de pároco e o que assumiu acabou, repentinamente, com o trabalho. Precisamos fazer "vaquinha", com grupos amigos, para acabar de pagar tratamentos médicos e cursos profissionalizantes que as meninas trans/travestis, com a ajuda do projeto, realizavam.

Para o teólogo Marciano Vidal, qualquer ação para se tornar humana e humanizadora precisa ser personalista: "esta é uma condição indispensável do discurso ético. É também uma das chaves, talvez a primeira, da vivência e da compreensão do fenômeno moral" (Vidal, 2003, p. 636).

Os teólogos e doutores, Pe. Ronaldo Zacharias e Pe. José Trasferetti, sugerem que venhamos a fazer a teologia da cidadania homossexual. Uma teologia que encontrasse ressonância nos documentos do Magistério, uma vez que a solicitude pastoral deve estar contemplada no amor, e no combate à violência. Para eles, as pessoas homossexuais precisam ser tratadas com respeito e dignidade e tanto os educadores da fé como os agentes de pastorais podem e devem propor ações pastorais que visem integrar as pessoas homossexuais em sua comunidade, além de educar a comunidade para ser receptiva a elas. "O rigor doutrinal não pode excluir a solicitude pastoral e o amor desmesurado que acolhem e transformam vidas" (Trasferetti; Zacharias, 2010, p. 24).

Apesar de estarmos caminhado em relação a este tema, ainda estamos engatinhando, mas precisamos nos inspirar nas pessoas que demonstram o amor incondicional de Deus.

O Pe. James Martin, responsável nos Estados Unidos pelo acolhimento e atendimentos de pessoas LGBTQIAPN+, percebe nas paróquias um crescimento dos grupos de evangelização dedicados a ajudar os católicos LGBT para que se sintam mais confortáveis no que são, afinal, a Igreja é deles também. Tais grupos são pontes (Martin, 2017).

Esta ainda não é a realidade do Brasil. As iniciativas da formação dos grupos católicos LGBTQIAPN+ têm partido das próprias pessoas LGBTQIAPN+ e, embora já estejamos debatendo sobre a possibilidade de uma pastoral LGBTQIAPN+, ainda não existe nenhum plano concreto da Igreja em acolher estas pessoas e suas famílias.

Segundo Pe. Martin, quanto mais a comunidade, por meio dos pastores e das pastorais, conhecer a realidade das pessoas LGBTQIAPN+, mais crescerá o respeito, a compaixão e a sensibilidade em relação a elas.

Isso significa que é preciso começar a formar grupos católicos LGBTQIAPN+ nas paróquias, para que as pessoas convivam com os grupos e descubram as pessoas maravilhosas que deles fazem parte. Os grupos precisam sair das catacumbas.

O Pe. Luís Correa Lima conhece a realidade das pessoas LGBTQIAPN+, pois tem se dedicado a este trabalho há anos e reconhece que a realidade dos LGBTQIAPN+, na Igreja, é complexa e delicada, mas traz importantes apelos. É um desafio à evangelização (De Lima, 2021, p. 128). A meu ver, é preciso que a igreja (comunidade) e a Igreja (instituição) tenham coragem e acolham, como pede o Papa Francisco: "voltar atrás é inútil".

12.2 Como realizar este atendimento pastoral? Pastorais LGBTQIAPN+?

Em primeiro lugar, as pessoas LGBTQIAPN+ precisam ser vistas como pessoas humanas, saudáveis, com dons, amor para dar e receber e muita vida.

É importante entender que a descoberta da sexualidade, como tendo uma "identidade de gênero, e/ou uma orientação sexual diferente do padrão, por mais que ainda possam ser incompreensíveis para muitas pessoas e a Igreja ainda considere pecado, não se deve julgar, pois **não é uma escolha, é uma descoberta** que pode acontecer com qualquer pessoa, sem nenhuma razão.

É pecado? "Atire a primeira pedra quem não for pecador", pois todos nós somos pecadores. Como diz o Papa

Francisco, "a falta de caridade também é pecado". Caridade é o amor a Deus e ao nosso semelhante, dessa forma, a intolerância, o ódio, a discriminação, o levar o outro a sofrer pela exclusão, é falta de caridade e é pecado.

As pessoas LGBTQIAPN+, de modo geral, que desejam estar na Igreja, são pessoas que nasceram católicas, e foram criadas dentro da Igreja Católica e, por isso mesmo, amam Cristo e a Igreja Católica. Querem participar da Igreja em que foram criadas com suas famílias e desejam participar da comunidade, sem precisarem se esconder, exercendo uma identidade que não condiz com a sua natureza, ou fingindo ser heterossexuais.

Geralmente, as pessoas LGBTQIAPN+ possuem baixa autoestima, pois ouvem, desde a descoberta da sua sexualidade, que não merecem o amor de Deus. Além disso, têm menos direitos na sociedade, com mais dificuldade de emprego e aceitação social. As pessoas transexuais são ainda mais excluídas, pois muitas são expulsas de suas casas, e têm grande dificuldade de encontrar um emprego, sendo empurradas, na maioria das vezes, se não obtiverem ajuda, para a prostituição.

No Brasil, em algumas cidades, existem casas que acolhem as pessoas LGBTQIAPN+, como a Casa Nem, no Rio de Janeiro, mas essas casas, normalmente, estão lotadas, e enfrentam muitas dificuldades financeiras.

Por todos os motivos apresentados, o atendimento pastoral às pessoas LGBTQIAPN+, será um grande serviço de apoio, partilha, ajuda e espiritualidade. Muitas vezes será o local no qual as pessoas estarão entre os seus, sem julgamento, e poderão exprimir e vivenciar a sua fé.

Algumas pessoas sugerem que seria melhor não formar grupos ou pastorais com as pessoas LGBTQIAPN+, pois parece segregá-las em guetos. Mas é preciso perceber que a homotransfobia ainda é grande e dificilmente as pessoas LGBTQIAPN+ poderão se apresentar como são sem serem discriminadas. Quando conseguirmos acabar com o preconceito e todos puderem viver com dignidade e respeito, com um grande todos em Deus e em Cristo, talvez não mais precise, mas, até lá, acredito que os grupos são muito importantes.

Para isso, é interessante, refletir acerca de alguns aspectos sobre o acolhimento.

1. Se o grupo começar em uma paróquia ou comunidade religiosa, o primeiro passo importante será o pároco desejar, e querer se comprometer com o grupo. A partir daí ele dará início a um trabalho de inclusão. A inclusão é ampla, e precisa passar pela educação. Segundo o Papa Francisco, "a educação nos compromete a acolher o outro como ele é, não como eu quero que seja, como é, e sem julgar nem condenar ninguém".

Para realizar esta conscientização, será importante levar à paróquia, filmes, palestras com especialistas, para o conhecimento do tema. Já tive a oportunidade, com ótimos resultados, de ajudar nesse trabalho de conscientização, dando palestras e realizando debates com filmes sobre LGBT. É muito interessante!

2. Levar os demais padres e diáconos e responsáveis da paróquia a participarem também de um trabalho de conscientização sobre o tema e a importância dessa pastoral. Inclusive que os outros padres, quando substituírem, na celebração da missa, o atual, por viagem, curso etc., venham a ter conhecimento do trabalho que está sendo realizado, para que na homilia não faça nenhum comentário contrário às pessoas LGBTQIAPN+. Infelizmente eu já tive a oportunidade de presenciar algo parecido, e isso atrapalha o trabalho realizado.

3. Trazer o conhecimento científico acerca da "sexualidade" para a comunidade e para o grupo, a fim de que todos conheçam a real situação de "não escolha". As pessoas não têm do que se culpar ou se envergonhar. Como já vimos, nasceram com a identidade de gênero ou/e com a orientação sexual que possuem. Em meu consultório, já ouvi diversas vezes, "eu não pedi para nascer assim", "eu não queria ser assim".

Observação: as palestras que citei acima abrangem esse estudo sobre "sexualidade".

4. Trazer leituras bíblicas que mostrem o Deus criador, que amar incondicionalmente conduz o seu povo à libertação, para viverem a ética da inclusão. No Novo Testamento, podemos encontrar passagens bíblicas relativas a Jesus. Algumas nós já falamos, anteriormente, no livro. O Sermão da Montanha; a Samaritana; a mulher pecadora; o servo de Centurião; Zaqueu; o filho pródigo, e muitas outras, cujas reflexões podem servir para mostrar que Jesus não faz exigências, até os seus apóstolos eram diferentes e eles os amava assim.

5. Nos grupos, a parte espiritual é muito importante. As pessoas que ali comparecem, de modo geral, estão ávidas por se sentirem próximas e amadas por Deus. Nada melhor do que, se for possível, convidá-las a participarem da missa e, se não puder, realizar com elas uma celebração.

6. Pessoas discriminadas precisam sempre de muito apoio. É importante apoiar as iniciativas das pessoas LGBTQIAPN+ também na sociedade, para que possam se sentir prestigiadas, valorizadas, amadas. Não é favor amá-las, tampouco abrir espaço para que elas participem da Igreja, e da sociedade, pois esta é a maneira de agir de um cristão, de uma Igreja em saída.

7. Incluí-los nas atividades da paróquia. Levá-los a serem incluídos, aceitos, integrando o grupo à comunidade. Quando o padre está junto, liderando o trabalho de integração, a comunidade com mais facilidade aceita, colabora e integra.

Considerações finais

Copiosas bençãos de Deus.
Papa Francisco, 17 de abril de 2023.

Esta foi a resposta que recebi do Papa Francisco quando, neste ano de 2023, enviei pelo correio o meu livro "A inclusão de todas/os/es. Uma leitura teológica da violência de gênero: mulheres e LGBTQIA+. De Girard e Lévinas à ética da inclusão". A resposta veio, com um agradecimento, e uma benção para mim, e para todos os que me são caros, e que acabo de partilhar com vocês que, comigo, chegaram ao final deste livro.

Desejo que os nossos sonhos de comunhão se realizem! Anseio de todo coração que a leitura deste livro possa ajudar na formação de quem deseja conhecer e ajudar na organização de grupos e, quem sabe, de pastorais LGBTQIAPN+.

Espero que a Igreja Sinodal, tão sonhada pelo Papa Francisco, possa vivenciar o amor incondicional de Deus e abrir os corações e as mentes para conhecer as descobertas científicas e manter com elas um diálogo saudável. Foi esta união que procurei fazer desde a minha tese de doutorado, depois nos meus cursos, palestras e, agora, neste livro.

Como disse o Papa Francisco na mensagem que este ano enviou para os teólogos durante o Congresso Latinoamericano de Teologia Moral, em São Paulo, que tive a alegria de participar também como conferencista, "los animo a seguir adelante, haciendo realidad ese grito profético ante los distintos rostros de violencia en América Latina".

Sem dúvida, precisamos trazer o grito do amor incondicional de Deus para acabar com a violência. O Pe. Luís Correa Lima, meu companheiro de luta, com quem aprendi e ainda aprendo muito, costuma dizer: "nossas palavras podem salvar vidas ou podem destruí-las. Oxalá as salvem" (Lima, 2021, p. 12).

Este é o meu sonho, salvar vidas e ver os rostos de cada rapaz, moça, ou adulto LGBTQIAPN+ com os olhos brilhando ao se sentirem amados e respeitados como filhos de Deus, fazendo parte da Igreja em que foram batizados e que tanto amam. Que possamos caminhar em comunhão, e sempre lembrar que, como diz Paulo, se em Cristo somos batizados, em Cristo nos revestimos, porque "não há judeu nem grego, escravo ou livre, homem ou mulher; porque todos vós sois um em Cristo Jesus" (Gál 3,26-28).

Referências

Fontes, documentos e declarações

Bíblia de Jerusalém. São Paulo: Paulus, 2006.

Catecismo da Igreja Católica. Cidade do Vaticano: Libreria Editrice Vaticana, 1992. Disponível em: https://www.vatican.va/archive/cathechism_po/index_new/prima-pagina-cic_po.html

COMISSÃO TEOLÓGICA INTERNACIONAL (CTI). *O Sensus na vida da Igreja*. 10 jan. 2014. Disponível em: http://www.vatican.va/roman_curia/congregations/cfaith/cti_documents/rc_cti_20140610_sensus-fidei_po.html

CONCÍLIO VATICANO II. *Constituição pastoral Gaudium et spes* – Sobre a Igreja no mundo atual. Cidade do Vaticano: Libreria Editrice Vaticana, 1965. Disponível em: https://www.vatican.va/archive/hist_councils/ii_vatican_council/documents/vat-ii_const_19651207_gaudium-et-spes_po.html

FRANCISCO. *Exortação apostólica pós-sinodal Amoris Laetitia*. Cidade do Vaticano: Libreria Editrice Vaticana, 2016. Disponível em: https://www.vatican.va/content/francesco/pt/apost_exhortations/documents/papa-francesco_esortazione-ap_20160319_amoris-laetitia.html

FRANCISCO. *Homilia na santa missa com os cardeais*. Capela Sistina, 14 mar. 2013. Disponível em: https://www.vatican.va/content/francesco/pt/homilies/2013/documents/papa-francesco_20130314_omelia-cardinali.html

FRANCISCO. *Mensagem do Papa Francisco por ocasião do I Congresso Latino-americano de pastoral familiar*. Cidade do Vaticano: Libreria Editrice Vaticana, 2014. Disponível em: https://www.vatican.va/content/francesco/pt/messages/pont-messages/2014/documents/papa-francesco_20140508_messaggio-i-congresso-celam-pastorale-familiare.html#:~:text=Perante%20uma%20vis%C3%A3o%20materialista%20do,abertura%20a%20%20Deus%20como%20Pai.

PAULO VI. *Exortação apostólica Evangelii Nuntiandi*. Cidade do Vaticano: Libreria Editrice Vaticana, 1975. Disponível em: https://www.vatican.va/content/paul-vi/pt/apost_exhortations/documents/hf_p-vi_exh_19751208_evangelii-nuntiandi.html

SÍNODO DOS BISPOS. III Assembleia Geral Extraordinária. *Os desafios pastorais sobre a família no contexto da evangelização* – Relatio synodi. Cidade do Vaticano: Libreria Editrice Vaticana, 2014. Disponível em: https://www.vatican.va/roman_curia/synod/documents/rc_synod_doc_20141018_relatio-synodi-familia_po.html

Outros textos

A cor da violência policial: a bala não erra o alvo. *In: Diretoria de Estudos e Pesquisas Afrorraciais* - Universidade de Uberlândia. 14 dez. 2020. Disponível em: https://diepafro.ufu.br/acontece/2020/12/cor-da-violencia-policial-bala-nao-erra-o-alvo

ARENDT, H. *Da violência*. Brasília: Editora da Universidade de Brasília, 1985.

BARUFFI, D. A. Sínodo e sinodalidade. *In: CNBB*. 13 out. 2021. Disponível em: https://www.cnbb.org.br/sinodo-e-sinodalidade/

BATISTA, J.; RABELLO, L. Institucionalização é desafio constante para pastorais católicas LGBTQIA+. *Carta Capital*, [s. l.], 1 set. 2023. Disponível em: https://www.cartacapital.com.br/blogs/dialogos-da-fe/institucionalizacao-e-desafio-constante-para-pastorais-catolicas-lgbtqia/

BETONI, C. Minorias brasileiras. *In: Infoescola*. [s. d.]. Disponível em: https://www.infoescola.com/sociologia/minorias-brasileiras/

BINGEMER, M. C. L. (org.). *Violência e religião: Cristianismo, Islamismo, Judaísmo: três religiões em confronto e diálogo*. Rio de Janeiro: Editora PUC Rio, 2002.

CAPPELLANO, L. C. Breve histórico da homossexualidade. *In*: CAPPELLANO, L. C. [s. d.]. Disponível em: https://sites.google.com/site/lucappellano/breve-historico-da-homossexualidade-humana

CELAM. *Síntesis de la fase continental del sínodo de la sinodalidad en América Latina y Caribe*. [S. l.]: Consejo Episcopal Latinoamericano y caribeño, 2021. Disponível em: https://celam.org/wp-content/uploads/2023/04/Sintesis-Fase-Continental-Sinodo-en-ALC.pdf

COLLET, A. Papa: o cristão é Igreja em saída, não o contrário. *Vatican News*, [s. l.], 18 mar. 2022. Disponível em: https://www.vaticannews.va/pt/papa/news/2022-03/papa-francisco-mensagem-video-congresso-arquidiocese-los-angeles.html

CROATTO, J. S. *Hermenêutica bílbica*. São Paulo: Edições Paulinas, 1986.

CRUZ, E. P. ONG contabiliza 257 mortes violentas de LGBTQIA+ em 2023. *In: Agência Brasil*. 21 jan. 2024. Disponível em: https://agenciabrasil.ebc.com.br/direitos-humanos/noticia/2024-01/brasil-e-o-pais-mais-homotransfobico-do-mundo-diz-grupo-gay-da-bahia.

CUNHA, M. Sancionada lei que equipara injúria racial ao crime de racismo. *Senado notícias*, [s. l.], 16 jan. 2023. Disponível em: https://www12.senado.leg.br/noticias/audios/2023/01/sancionada-lei-que-equipara-injuria-racial-ao-crime-de-racismo#:~:text=Foi%20sancionada%20a%20lei%20que,Lei%2014.532%2C%20de%202023)

DA SILVA, J. As periferias existenciais. *Midia News*, [s. l.], 14 jun. 2023. Disponível em: https://www.midianews.com.br/opiniao/as-periferias-existenciais/447046

DE LIMA, R. O papa: a educação compromete-nos a acolher o outro como ele é, sem julgar ninguém. *Vatican News*, [*s. l.*], 5 out. 2021. Disponível em: https://www.vaticannews.va/pt/papa/news/2021-10/papa-francisco-pacto-edu cativo-global-acolher-o-outro-como-ele-e.html#:~:text=Fraternidade%20Hu mana-,O%20Papa%3A%20a%20educa%C3%A7%C3%A3o%20compro mete%2Dnos%20a%20acolher%20o%20outro,ele%20%C3%A9%2C%20 sem%20julgar%20ningu%C3%A9m&text=%E2%80%9CHoje%2C%20no %20Dia%20Mundial%20dos,a%20nossa%20solicitude%20pela%20 educa%C3%A7%C3%A3o.%E2%80%9D

DOMINGUES, J. E. Mulheres ao longo da história (1): Pré-Histórica. *In*: *Ensinar História*. 5 jul. 2020. Disponível em: https://ensinarhistoria.com. br/mulheres-ao-longo-da-historia-1-pre-historia/

Sínodo dos bispos sobre Igreja e sinodalidade. *Vatican News*, [*s. l.*], 7 mar. 2020. Disponível em: https://www.vaticannews.va/pt/papa/news/2020-03/ em-2022-sinodo-bispos-igreja-sinodalidade.html#:~:text=Durante%20 o%20seu%20pontificado%2C%20Francisco,da%20Igreja%20do%20 terceiro%20mil%C3%AAnio.%22

FERNANDES, M. G. M. O corpo e a construção das desigualdades de gênero pela ciência. *Physis: Revista de Saúde Coletiva*, [*s. l.*], v. 9, n. 4, 2009. Disponível em: https://www.scielo.br/j/physis/a/XWVyvMwKjphVxxh3HT9crmf/

FERNEDA, G. "Deus nos ama como somos", diz Papa Francisco a mulher trans. [*s. l.*], 25 jul. 2023. Disponível em: https://www.cnnbrasil.com.br/ internacional/papa-francisco-igreja-esta-aberta-a-populacao-lgbtqia-mas ha-regras/#:~:text=%E2%80%9CDeus%20nos%20ama%20como%20so mos%E2%80%9D%2C%20diz,papa%20Francisco%20a%20mulher%20 trans&text=Uma%20das%20pessoas%20que%20enviou,)%20e%20a%20 identidade%20transg%C3%AAnero%E2%80%9D

FRACCALVIERI, B. "A Igreja é para todos. O Espírito de Deus é harmo nia, não divisão", afirma o Papa. *Vatican News*, Cidade do Vaticano, 23 maio 2021. Disponível em: https://www.vaticannews.va/pt/papa/news/2021-05/ papa-francisco-regina-coeli-pentecostes.html

FREUD, S. *O futuro de uma ilusão*. Porto Alegre: L&PM, 2011.

FURTADO, M. C. A importância da resistência das igrejas inclusivas e gru pos LGBT católicos. *In*: VELIQ, F. (org.). *Experiências de diversidade afetivo- -sexual e de gênero: perspectivas de diálogo*. [*S. l.*]: Metanoia, 2021.

FURTADO, M. C. *A inclusão de todas/os/es*. [*S. l.*]: Recriar, 2022.

FURTADO, M. C. O futuro e a ética da inclusão. *Revista Creatividade*, [*s. l.*], v. n. 20, 2020.

FURTADO, M. C. The importance of LGBTQIA+ inclusive liberating theologies. *International Journal of Human Sciences Research*, [*s. l.*], v. 3, 2023. Disponível em: a-importancia-das-teologias-libertadoras-inclusivas-lgbtqia.pdf.

HELMINIAK, D. *O que a Bíblia realmente diz sobre a homossexualidade.* São Paulo: Edições GLS, 1998.

HERCULANO-HOUZEL, S. Preferência sexual não é opção. *In: Psicologias do Brasil.* 3 maio 2016. Disponível em: https://www.psicologiasdobrasil.com.br/preferencia-sexual-nao-e-opcao/.

HERRERA-ESPALIAT, F. Diálogo aberto e sincero em documentário inédito do Papa. *Vatican News*, [s. l.], 5 abr. 2023. Disponível em: https://www.vaticannews.va/pt/papa/news/2023-04/papa-francisco-documentario-amenconversa-jovens-disney-plus.html#:~:text=O%20document%C3%A1rio%20termina%20com%20as,da%20qual%20ela%20se%20orgulha

HIGHWATER, J. *Mito e sexualidade.* São Paulo: Saraiva, 1992.

Incongruência/Disforia de Gênero. *Guia Prático de Atualização - Departamento Científico de Adolescência*, [s. l.], n. 16, 2020. Disponível em: https://www.sbp.com.br/fileadmin/user_upload/Adolescencia_-_16_-_22373c-GPA_-_Incongruencia-DisforiaGenero.pdf.

KREUS, S. M. C. *Pacto global pela família e doutrina social da Igreja: o cuidado com todas as famílias.* [S. l.: s. n.], 2023.

LÉVINAS, E. *De Deus que vem à ideia.* Petrópolis: Vozes, 2002.

LIMA, L. C. *Teologia e os LGBT+: Perspectiva histórica e desafios contemporâneos.* Petrópolis: Vozes, 2021.

LOPES, J. E. G. Gênero e sexualidade: as minorias como elementos propulsores da economia e do desenvolvimento social. *In:* MATIAS, J. L. N. (org.). *Relações privadas, mercado e desenvolvimento nos 30 anos da Constituição de 1988.* Fortaleza: Mucuripe, 2018.

LOPES, P. D. Os novos arranjos de família no Direito brasileiro. *In:* JUS. 25 mar. 2015. Disponível em: https://jus.com.br/artigos/37521/os-novos-arranjos-de-familia-no-direito-brasileiro

MARTIN, J. *Building a bridge: How the Catholic Church and the LGBT community can enter into a relationship of respect, compassion, and sensitivity.* São Francisco: HarperOne, 2017.

MILLEN, M. I. de C. Valores fundamentais da sexualidade humana. *Vida pastoral*, [s. l.], v. 51, p. 12–18, 2010. Disponível em: https://www.vidapastoral.com.br/artigos/etica-crista/valores-fundamentais-da-sexualidade-humana/.

MOREIRA, A. da S.; MARCOS, C. M. Breve percurso histórico acerca da transexualidade. *Psicologia em Revista*, [s. l.], v. 25, n. 2, p. 593–609, 2019.

NATIVIDADE, M. "Igrejas inclusivas nascem da intenção de repensar a tradição religiosa". *In:* EL PAIS. 31 jul. 2016. Disponível em: https://brasil.elpais.com/brasil/2016/07/29/politica/1469820936_254948.html.

PALETTA, D. ILGA lança relatório sobre homofobia patrocinado pelo Estado 2019. *In*: 19 mar. 2019. Disponível em: https://ilga. org/ilga-launches-state-sponsored-homophobia-2019

Papa Francisco envia mensagem ao Brasil para a campanha da fraternidade ecumênica. *In*: CNBB. 17 fev. 2021. Disponível em: https://www.cnbb.org.br/papa-francisco-envia-mensagem-ao-brasil-para-a-campanha-da-fraternida de-ecumenica-2021/#:~:text=Papa%20Francisco%20envia%20mensagem%20 ao%20Brasil%20para%20a%20Campanha%20da%20Fraternidade%20Ecum% C3%AAnica%202021,-17%2F02%2F2021&text=O%20Papa%20Francisco%20 enviou%20uma,17%20de%20fevereiro%2C%20%C3%A0s%2010h

PATRÍCIA, K. Psiquiatra explica como os transgêneros nascem com o cérebro incompatível com a genitália. *In*: *Diário de Bio*. set. 2018. Disponível em: https://diariodebiologia.com/2018/09/psiquiatra-explica-como-os-transgene ros-nascem-com-o-cerebro-incompativel-com-a-genitalia-leitura-imperdivel/

RAMSEY, G. *Transexuais: perguntas e respostas*. [*S. l.*]: GLS, 1998.

Registros de violência doméstica e sexual contra mulheres crescem no Brasil em 2011. *In*: *Instituto Humanitas Unisinos*. 30 jun. 2022. Disponível em: https://www.ihu.unisinos.br/categorias/619977-registros-de-violencia-domes tica-e-sexual-contra-mulheres-crescem-no-brasil-em-2021#:~:text=Pela%20 primeira%20vez%20no%20levantamento,aumento%20de%2017%2C6%25

RUBIO, A. G. Novos rumos da Antropologia Teológica. *In*: RUBIO, A. G. *O humano integrado. Abordagens de Antropologia Teológica*. Petrópolis: Vozes, 2007.

SILVA, A. *Homossexualidade e discriminação: o preconceito sexual internalizado*. 2007. - Pontifícia Universidade Católica do Rio de Janeiro, Rio de Janeiro, 2007.

Sobre o courage. *In*: *Courage Brasil*. [*s. d.*]. Disponível em: https://www. couragebrasil.com/quem-somos

Somos 8 bilhões de pessoas no mundo. *In*: *Portal Sustentabilidade*. 19 nov. 2022. Disponível em: https://portalsustentabilidade.com/2022/11/19/somos-8-bilhoes-de-pessoas-no-mundo/

TAVARES, C. *Ética cristã - Iniciação teológica*. Rio de Janeiro: [*s. n.*], 2012.

Teologia Moral. *In*: *Wikipédia*. [*s. d.*]. Disponível em: https://pt.wikipedia. org/wiki/Teologia_moral

TRASFERETTI, J. A.; ZACHARIAS, R. Homossexualidade e ética cristã. *Vida pastoral*, [*s. l.*], v. 51, n. 275, 2010. Disponível em: https://www. vidapastoral.com.br/artigos/etica-crista/homossexualidade-e-etica-crista/

VELASCO, C. *et al*. Brasil bate recorde de feminicídios em 2022, com uma mulher morta a cada 6 horas. *G1*, [*s. l.*], 8 mar. 2023.

VIDAL, M. *Ética da sexualidade*. São Paulo: Loyola, 2012.

VIDAL, M. *Nova Moral Fundamental: o lar teológico da Ética*. Aparecida, São Paulo: Santuário, Paulinas, 2003.

Conecte-se conosco:

f facebook.com/editoravozes

⊙ @editoravozes

✕ @editora_vozes

▶ youtube.com/editoravozes

☎ +55 24 2233-9033

www.vozes.com.br

Conheça nossas lojas:

www.livrariavozes.com.br

Belo Horizonte – Brasília – Campinas – Cuiabá – Curitiba
Fortaleza – Juiz de Fora – Petrópolis – Recife – São Paulo

    Vozes de Bolso

EDITORA VOZES LTDA.
Rua Frei Luís, 100 – Centro – Cep 25689-900 – Petrópolis, RJ
Tel.: (24) 2233-9000 – E-mail: vendas@vozes.com.br